THE PEARL FISHERS

An Opera in Three Acts

for Soli, Chorus and Orchestra

with French and English text
(English translation by Geoffrey Dunn)

VOCAL SCORE

K 06071

The Pearl Fishers

LES PÊCHEURS DE PERLES

Opéra en trois actes et quatre tableaux.

Théâtre Lyrique —29 Septembre 1863— Direction LÉON CARVALHO.	—DISTRIBUTION— Personnages:	Voix:	Opéra-Comique —21 Avril 1893— Direction LÉON CARVALHO.
Mlle *L. de MAËSEN*	LÉÏLA, prêtresse	*Soprano.*	Mlle *CALVÉ.*
Mr *MORINI*	NADIR, pêcheur	*Ténor*	Mr *DELMAS.*
Mr *ISMAËL*	ZURGA, roi	*Baryton.*	Mr *SOULACROIX.*
Mr *GUYOT*	NOURABAD, grand-prêtre	*Basse*	Mr *CHALLET.*

Chef d'Orchestre Mr J. DANBÉ — Chef de Chant Mr E.M. BOURGEOIS — Chef des Chœurs Mr H. CARRÉ.

LES

PÊCHEURS DE PERLES.

PRÉLUDE.

cre
scen
do.
cre
scen
do
mol
to
f
cresc.
mol
to
ff

ACTE I.

Une plage aride et sauvage de l'île de Ceylan; quelques huttes en bambous; palmiers; au loin, ruines d'une ancienne pagode indoue et la mer éclairée par un soleil ardent.

A wild and rooky shore on the coast of Ceylon. On the right and left are several huts built of bamboo and rushes. In the foreground two or three palm trees overshadowing some enormous cacti twisted into fantastic shapes by the wind. At the back, on a rock overlooking the sea, are the ruins of an ancient Hindu temple. In the distance the sea glitters under a flaming sky.

INTRODUCTION.

Nº 1. (A) CHŒUR.

Allegro non troppo.

SOPRANI.

TENORS.

BASSES.

Allegro non troppo. (𝅗𝅥=100)

PIANO.

fp

As the curtain rises, the shore is filled with a crowd of fisherfolk men,

Des pêcheurs achèvent de

- - do. cresc. *f* (RIDEAU) (Danses).

women and children. Some are putting the finishing touches to the raising of

dresser les tentes pendant que les autres dansent et boivent aux sons des instruments indous.

tents and the building of huts. Others are dancing and drinking to the music of various Hindu and Chinese instruments.

ff
CHOEUR.
p
Sur la grève en feu Où dort le flot
Here our tents shall stand on the sunlit
p
Sur la grève en feu Où dort le flot
Here our tents shall stand on the sunlit
p
Sur la grève en feu Où dort le flot
Here our tents shall stand on the sunlit
p
cresc.
f p
bleu Nous dressons nos ten - tes, Dansez jus_qu'au
strand that the sea ca - ress - es Dance till daylight
cresc.
f p
bleu Nous dressons nos ten - tes, Dansez jus_qu'au
strand that the sea ca - ress - es Dance till daylight
p
cresc.
f
bleu Nous dressons nos ten - tes, Dansez jus_qu'au
strand that the sea ca - ress - es Dance till daylight
cresc.
fp

cre - - scen - - do.
soir Fil les à l'œil noir Aux tresses flot _ tan
fades All you with your dark-eyed maids floating tress
cre - - scen - - do.
soir Fil les à l'œil noir Aux tresses flot _ tan
fades All you with your dark-eyed maids floating tress
cre - - scen - - do.
soir Fil les à l'œil noir Aux tresses flot _ tan
fades All you with your dark-eyed maids floating tress
cre - scen - do.
f ff
_ tes Chassez, chas _ sez par vos chants
es And drive a-way by your song
_ tes Chassez, chas _ sez par vos chants
es And drive a-way by your song
_ tes Chassez, chas _ sez par vos chants
es And drive a-way by your song
f ff
Ped.
Chas_sez, chas _ sez les espri mé _ chants.
All ev-il spirits that wish us wrong
Chas_sez, chas _ sez les esprits mé _ chants.
All ev-il spirits that wish us wrong
Chas_sez, chas _ sez les esprits mé _ chants.
All ev-il spirits that wish us wrong
Ped

Chassez par vos chants
Let it be a charm
Les esprits mé_
Guarding us from
Chassez par vos chants
Let it be a charm
Les esprits mé_
Guarding us from
Chassez par vos chants Les esprits mé_
Let it be a charm Guarding us from
ff
_chants,
harm
p Dansez jus_qu'au soir Filles à l'oeil
Dance 'til daylight fades All you dark-eyed
dim.
_chants, Dan_sez,
harm, Your dance
p dan - sez, dan -
Your dance and
dim.
_chants, Dan_sez,
harm, Dance on
p dan - sez, dan -
Dance on, dance
dim.
p
cresc.
f sec.
ff
noir, Dansez jusqu'au soir,
maids 'til the sun goes down
Dansez jusqu'au soir.
'til the sun goes down
cresc.
ff
_sez,
song
Dansez jusqu'au soir.
'til the sun goes down
cresc.
f sec.
ff
_sez,
on
Dansez jusqu'au soir.
'til the sun goes down
cresc.
f
ff
(Les danses cessent)
The dancing ends

Moderato maestoso. (♩=63)
CHOEUR.
Ténors. noblement.
Basses. noblement.
Voi_là notre do_mai_ne C'est i_ci que le
The trade our fathers taught us Here they plied it of
sort Tous les ans nous ra_mè_ne Prêts à braver la mort
old Year by year fate had brought us to risk our lives for gold
cresc.
dim.
Sous la va_gue pro_fon_ _ _ _ de Plon_geurs au_da_ci_
Deep as plum-met can meas_ _ _ _ ure We dive when tides are

1ers Ténors.
poco sf
p
cresc.
eux, A nous la per_le blon_de, Ca_chée à tous les
high tis ours the pearl the treasure that hides from ev'ry
2es Ténors.
sf
p
cresc.
eux A nous la per_le blon_de, A
high tis ours the pearl the treasure Tis
A nous la per_le,
sf
p
cresc.
tis ours the treasure
eux, A nous, A
high tis ours Tis
sf
p
cresc.
dim.
pp
cresc.
yeux A nous la per_le blon_de, A
eye, tis ours the pearl the treas_ure Tis
nous, à nous la per le blon_de, A
eye, tis ours the pearl the treas_ure Tis
dim.
pp
cresc.
Tis ours A nous,
nous la per_le blon_de,
ours the pearl the treasure
dim.
p
cre_scen_do.
1ers et 2es Ténors.
f
allargando.
ff
1° tempo.
nous, à nous, à nous.
ours tis ours All ours
f
à nous, à nous.
tis ours All ours
f
cresc.
ff
allargando.
1° tempo. (𝅗𝅥=100)
The dance is resumed
(Danses)
dim.

Soprani
p Sur la grève en feu Où dort le flot bleu Nous dressons nos ten
Here our tents shall stand on the strand
sunlit that the sea car ess
tes. Dansez jus qu'au soir Filles à l'œil noir Aux tresses flot
es fadesall you darkeyed
Dance till daylight maids with your float-ing
cresc.
f ff
tan tes Chassez, chas_sez par vos chants
tress es and drive away by your song
Ténors.
ff Chassez, chas_sez par vos chants
and drive away by your song
Basses.
ff Chassez, chas_sez par vos chants
and drive away by your song
cresc.
Ped.
Chas_sez, chas_sez les esprits mé_chants.
All evil spirits that wish us wrong
Chas_sez, chas_sez les esprits mé_chants.
All evil spirits that wish us wrong
Chas_sez, chas_sez les esprits mé_chants.
All evil spirits that wish us wrong
Ped.

Chassez par vos chants
Let it be a charm
Les esprits mé_
Guarding us from
Chassez par vos chants
Let it be a charm
Les esprits me_
Guarding us from
Chassez par vos chants Les esprits mé_
Let it be a charm us from
Guarding
ff
_chants.
harm
dim.
p
Dansez jus_qu'au soir Filles à l'œil
Dance till All you darkeyed
daylight fades
_chants. Dan_sez,
Harm Dance on
dim.
p
Dan - sez, dan -
Dance on, dance
_chants. Dan_sez,
harm Your dance
p
Dan - sez, dan -
Your dance and
dim.
p
cresc.
f sec.
noir Dansez jusqu'au soir
maids Till the sun goes down
ff
Dansez jusqu'au soir.
Till the sun goes down
_sez,
on
Till the sun goes down
dansez jusqu'au soir.
cresc.
f sec.
_sez,
song
ff
dansez jusqu'au soir.
Till the sun goes down
cresc.
f
ff
ff

p
3
3
(Danses)
pp legg.
8
8
cre - scen - do.
f
cresc.

CHOEUR.
Dan_sez, dan_sez, dansez,
Dancing Dan-cing Dancing
dansez, dansez, dan_sez, dan_sez, oui, jus_qu'au
Dancing Dancing, dancing till dusk Yes till the
soir, Dan_sez, dansez jusqu'au soir, dansez.
day-light fades till the sun goes down dancing
(Les danses cessent.)
The dancing ends
Ped.

(B) SCÈNE ET CHŒUR.

CHŒUR.
Ce - lui que nous voulons pour maî - tre Ce-
The man that we would have as mas- ter To
Ce - lui que nous voulons pour maî - tre Ce-
The man that we would have as mas - ter to
cresc.
- lui que nous voulons pour maî - tre Et que nous choisissons pour
be our judge and guide & lead - er he that we choose to be our
cre - scen - do
ZURGA.
Qui moi?
Who? I?
roi Ami Zurga, ami Zurga, c'est toi!
King is standing here before us now 'tis you

Oui, oui sois no tre chef
Yes you, shall be our chief
Yes you shall be our chief
Oui, oui, sois no - tre chef,
cre - scen - do
nous ac - ceptons ta loi A -
we fol - low your com-mand
nous ac - ceptons ta loi A -
we fow - low your com-mand
mi, a - mi sois no tre chef, nous ac - cep-
friend a friend as well as King we would be
- mi, a - mi sois no - tre chef, nous ac - cep-
friend a friend as wellas King we would be
Même mouvement.
-tons, nous ac cep tons ta loi.
lead we would be lead by you
-tons, nous ac - cep - tons ta loi.
lead we would be lead by you
Ped.

ZURGA.
Vous me jurez o_bé_is_san_ce?
is this the people
choice made by the
ff Sois no _ tre chef,__
our choice our need
ff Sois no _ tre chef,__
our choice our need
Z.
A moi seul la tou_te-puissan_ce.
Will you swear
an oath of allegiance
Eh bien!
'tis well
Sois no _ tre roi.__
We will in _ deed
Sois no _ tre roi.__
Un peu plus vite.
Z.
c'est dit c'est dit.
your chief am I
ff Sois no_tre chef à toi seul la toute-puis_san_ce, Sois notre
You are our choice will pledge
and we you our al_legiance
You are our
ff Sois no_tre chef à toi seul la toute-puis_san_ce, Sois notre
You are our choice will pledge
and we you our al_legiance
You are our
Un peu plus vite
Ped.

Z.
allargando.
'tis well
'tis well
long.
C'est dit, c'est dit.
your chief am I
choice
chef
p
et no - tre roi.
our friend and King
allargando.
chef
et no - tre roi.
choice our friend and King
ff
dim.
p
allargando.
ff
long.
Nadir paraît et descend parmi les rochers.
Allegro moderato. (♩.=126)
Nadir appears at the back and comes down between the rocks.
f
fp
CHOEUR.
f
Mais qui vient là?
But who comes here?
Mais qui vient là?
But who comes here?
ZURGA. (allant au devant de Nadir)
(coming to meet Nadir)
Nadir!
Na_
fp
cresc.
cresc.

Recit.
Z.
_dir! a_mi de ma jeunes_se
the friend I've known from boyhood
Est-ce bien toi que je re_
How I've longed to see you a-
suivez.
A tempo.
_vois?
gain
NADIR.
Oui. Na_
yes
CHOEUR.
C'est Na_dir, le coureur des bois.
'tis Nadir wand'rer from the woods
A tempo.
Récit
Na.
_dir, votre a_mi d'autre_fois. Parmi vous compagnons que mon bon temps re_
your companion of old
Now I'm back with you all, may good luck smile up-
suivez.
A tempo.
_nais - - se
on me

Allegro. (♩.=112)
Na.
p
Through the for - ests I have
Des sa - va - nes et des fo -
pp
sped Where lonely trap - pers nets are spread
- rêts Où les tra - queurs ten - dent leurs rêts,
Des sa - va - nes et des fo rêts J'ai son dé
I Have dwelt in jun - gle glades sear - ching the
l'ombre et le mys - tè - re, J'ai sui vi
se - crets of its shades Knife in hand
cresc.
cre - scen - do.
f p
le poi gnard aux dents Le ti - gre fau -
I have tracked my game The yel - low tig -
cresc.

Na.
cresc.
f
with eyes aflame
The cat - a-mount
- ve aux yeux ar-dents,
er
Et le ja-guar
cresc
ff
ain and the pan - ther
et la pan-thè - re.
ff
ff
Plus lent. (♩=69)
noblement.
(long.)
Ce
What
p
que j'ai fait hi - er, mes a - mis, vous
yes-terday my life was to me Yours
a piacere.
le feriez de-main, Oui, vous le fe-riez de-main, Compa -
may to-mor-row be Yes, to-mor-row yours may be So my

N.
rall.
_gnons
friends
don_nons-nous, donnons-nous la main!
let me greet you here's my hand
1° tempo. (♩.=100)
CHŒUR.
p A_mis, A_
Na-dir Na-
mf
f suivez.
1° tempo.
p
cresc.
pp
A_mis, A_mis, don_nons_lui, donnons-lui la main,
Na-dir Na-dir You're a friend we never for-get
_mis,
dir
don_nons_lui, donnons-lui la main, A_mis, A_
You're a friend we never for-get Na-dir Na-
cresc.
f
pp
p
NADIR.
f
Donnons-nous la main.
Once a-gain well met
très long.
ZURGA.
f
Donnons-nous la main.
Once again well met
cresc.
f
A_mis, A_mis, donnons-lui la main.
Nadir Na-dir Once again well met
f
_mis,
dir
Once again well met
donnons-lui la main.
8
cresc.
ff
très long.

(C) RÉCIT ET REPRISE DU CHŒUR DANSÉ.

ZURGA.
N.
mais mes plai_sirs sont les vô _ tres
vow and my ser - vice for-ev - er
Eh bien!
Then come
Un peu retenu.
Z.
prends part à nos jeux.
take part in our rites
A _ mi
My friend
bois a_vec moi, danse et chante a_vec eux. A_
drink deep with me Sing and dance with them all Be-
_vant que la pê_che commen_ce Sa_lu _ ons le so_
fore they set out for the fishing. Let us all greet the
cresc.
_leil, l'air et la mer im _ men _ _
sun, the winds, the might - y o - - - - - -
ff

The dance is resumed
Z
se (Les danses reprennent.)
Iº tempo. Soprani.
CHŒUR.
Sur la grève en feu Où dort le flo bleu Nous dressons nos
Our encampment stands on the sun-lit sands that the sea ca-
Iº tempo.
fpp
ten - tes Dansez jus - qu'au
ress - es Dance till day-light
soir Filles à l'œil noir Aux tresses flot - tan
fades all you dark-eyed maids with your floating tress
ff
tes Chas - sez, chas - sez par vos chants
es and drive a-way by your song
Ténors.
Chas - sez, chas - sez par vos chants
es and drive a-way by your song
Basses.
Chas - sez, chas - sez par vos chants
and drive a-way by your song
Ped

Chassez chas_sez les esprits mé _ chants.
all evil spirits that wish us wrong
Chassez par vos
Let it be a
Chassez chas_sez les esprits mé chants.
all evil spirits that wish us wrong
Chassez chas_sez les esprits mé _ chants.
all evil spirits that wish us wrong
Ped.
chants
charm
Les esprits méchants
guarding us from harm
dim.
Chassez par vos chants
Let it be a charm
Les esprits méchants Dansez
guarding us from harm
Your dance
dim.
Chassez par vos chants Les esprits méchants Dansez
Let it be a charm guarding us from harm
Dance on
dim.
p
cresc.
f
Dansez jusqu'au soir Filles à l'œil noir Dansez jusqu'au soir
Dance till daylight fades All you darkeyed maids Let it be a charm
Dansez jusqu'au
till the sun goes
p
sec.
dan _ sez dan _ sez
dance on dance on
Dansez jusqu'au
till the sun goes
sec.
dan _ sez dan _ sez
your dance and song
Dansez jusqu'au
till the sun goes
p
cresc.
f
ff

ff
animez.
soir oui, jus - qu'au soir, Dan - sez,
down Yes till the sun goes down
soir oui, jus - qu'au soir, Dan - sez,
down Yes till the sun goes down
soir oui, jus - qu'au soir, Dan - sez,
down Yes till the sun goes down
animez.
sempre ff
Ped.
dan - sez oui, Sur la grève en feu dansez dan -
dance on yes on the sunlit sands dance on dance
dan - sez oui, Sur la grève en feu dansez, dan -
dance on yes on the sunlit sands dance on dance
dan - sez oui, Sur la grève en feu, dansez, dan -
yes on the sunlit sands dance on dance
Ped.
beaucoup plus vite.
animez toujours.
- sez dan - sez, dan - sez oui
on dance on dance on yes
- sez dan - sez, dan - sez oui
on dance on dance on yes
- sez dan - sez, dan - sez oui
on dance on dance on yes
beaucoup plus vite.
animez toujours.

Sur la grève en feu, dan_sez.
on the sun - lit sands dance on.
Sur la grève en feu, dan_sez.
on the sun - lit sands dance on.
Sur la grève en feu, dan_sez.
on the sun - lit sands dance on
End of the dance.
(Les danses cessent) Then the fishers go off
très long.
pp
in different directions. Zurga and Nadir are left alone.
1re fois.
2me fois.
smorzando.

RÉCIT ET DUO.

No 2.
(A) RÉCIT.
Allegro.
NADIR.
ZURGA.
Récit.
C'est toi, toi qu'enfin je re_
Na-dir you have come back at
Allegro.
PIANO.
suivez.
vois Après de si longs jours, après de si longs mois Où nous avons vé_
last So many weary days so many months have passed while we have lived our
_cu sé_parés l'un de l'autre, Brahma nous ré_u_nit quel_le joie est la
lives far apart from each other. And now Brahma be praised once again we're to-
no_ _tre!
geth - - er
Mais parle es-tu res_té fi_dèle à ton ser_
But tell me have you con- tinued faithful to your

Z.
NADIR.
ment? Est-ce un ami que je re_vois ou bien un traî _ tre? De mon amour pro_
vow? Is it a friend who has returned or a betrayer? I have been
true in-
fpp
fpp
fpp
f
Na.
ZURGA.
fond j'ai su me rendre maî _ tre.
deed & triumphed
o'er my pas - - - - ion
a tempo allegro.
Oublions le pas_
We'll forget
Récit.
what is
f
p
ff
Z.
sé fêtons ce doux mo_ment,_ Soyons frères, restons a_mis toute la
past in this our
present joy
We'll be
brothers
and life shall
never change our
ff
Z.
NADIR.
vi _ e; Mon coeur a ban_ni sa fo_li e. Oui, le
friendship My heart is purged
at all its
mad - ness Yes, your
p
ff
Na.
ZURGA.
NADIR.
calme est ve_nu pour toi_ Mais l'ou_bli ne viendra jamais! Que dis-tu? Zur_
heart may be now
at
peace But remem-brance will
never fade.
Never fade? My
pp
ff

Na.
_ga quand tous deux nous toucherons à l'â _ ge Où les rê ves des jours pas_
friend. When our lives are drawing to their twilight And the dreams of our days gone
pp
_ sés De notre â _ me sont ef _ fa _ cés Tu te rappel_le _ ras notre dernier vo_
by shall have left no trace on our souls. You will remember still how we set out to-
p
_ya_ge Et no_tre halte aux por _ tes de Can_di C'était le soir!
geth-er And reached the gates of Kan - di you & I. 'Twas almost night
ZURGA.
cresc:
f
Récit.
Z.
Dans l'air par la brise attié _ di Les brahmines au front i_ndé de lu
The air was refreshed by a breeze And the priestesses cool & clear in the with brows
Mod.
pp suivez. a tempo. suivez. a tempo. suivez.
miè re Appelaient len_te_ment la foule à la pri _
star - shine slowly called all the people forth to their de-
a tempo.
f

(B) DUO.

Andante.
NADIR.
(rising)
ZURGA.
Au fond du tem _ ple saint pa_
The ho - ly tem-ple gleamed with
_è re
votions
Andante. (♩=66)
PIANO.
ppp una corda.
Ped.
_ré de fleurs et d'or
garlands richly set
Une femme ap _ pa _ rait
And a wo - man appeared
Je
I
Une femme appa_
And a woman ap-
crois la voir en_cor
think I see her yet
_rait
peared
Je crois la voir encor_
I think I see her yet
pp

NADIR.
La fou _ le proster_né _ e
The crowd that knelt in prayer
La regarde éton
gazed at her standing
_né _ e
there
Et murmu _ re tout bas
And they whispered and said
Voyez
Behold!
c'est la dé_es _ _ se
It is the god _ _ dess!
Qui dans l'om _ _ bre se
There she stands in the
dres _ se Et vers nous tend les bras
shad- ows with her pale arms out-spread
ZURGA (rising)
Son
The
voi_ _ le se sou _ lè _ ve
veil she wore was lift _ ed
O
Ah!
cresc: poco a poco
cresc:
Ped:

Z.
cre - - scen -
She was fair as Hea - ven The
vi_si_on! ô rê - ve! La
Ped.
NADIR.
Night of
Oui, c'est
- do - - molto. - -
fou - - le est à ge - noux Oui, c'est
peo - - ple all bowed their heads. Night of
Na.
el - - le, C'est la dé - es - se plus char -
won - - der! Yes, 'tis the god - dess. Hol - - y
maute et plus bel - le, oui, c'est
Bless the
fair and en-chant - ing

35

Na.
Z.
cresc.
el - le, c'est la dé - es - se qui des -
god - dess come down a-mong us Bless the
cre -
Ped.
-cend par - mi nous Son
earth where she treads! Ah,
scen - do.
f
now the veil was lift - ed And the
voi - le se sou - lè - ve Et la
cresc.
foule est à ge - noux.
peo - ple bowed their heads
ff

dim.
NADIR.
Mais à tra_vers la fou_le el_le
She turned towards the peo - ple and they
p
Ped.
s'ouvre un pas_sa_ge
made way be - fore her.
ZURGA.
Son long
She was
di - mi - nu - endo.
voi_le dé_jà nous ca_che son vi_
veiled then and so her love - ly face was

NADIR.
Z.
sa - ge
Hid - den
Mon re - gard
Though I gazed
hé - las
A - las!
Ped.
Na.
La cherche en vain
I gazed in vain
dim.
pp
ZURGA.
El - le fuit!
She was gone!
El - le
She was
smorzando.
fuit!
gone!

NADIR. Récit.
Mais dans mon â - me sou - dain Quelle é - trange ardeur s'al -
But she had captured my soul And my heart was yearning
ff pp suivez.
- lu - me Ta main repous - se ma
for her I spurned the hand of a
ZURGA.
Quel feu nouveau me con - su - me
A sudden fire burned with - in me
ffp
main De nos cœurs l'a - mour s'em -
friend And this love turned me a -
Ta main repous - se ma main
I spurned the hand of a friend
ffp
- pa - re Et nous change en en - ne - mis. Non, que
gainst you. We were now changed into foes No! Let
ZURGA.
ffp
ff

NADIR. Andno ma non troppo. (♩= 84)
Non rien!
Noth - ing!
Noth - - ing more di-vides us Let
rien ne nous sé - pa - re, que
Andno. ma non troppo.
pp
Na.
non, rien!
Noth - - ing!
Z.
rien ne nous sé - pa - re, Ju -
noth - - ing more di-vide us We
cresc. ed animato molto.
Ju - rons de res - ter a - mis, Ju -
We swear we are friends till death till
cresc. ed animato molto
- rons de res - ter a - mis, Ju - rons de res - ter a -
swear we are friends till death We swear we are friends till
cresc.
e animato
cresc.

Na.
Z.
f rall.
1º Tempo.
p
-rons, Oh! oui, ju - rons_ de rester a - mis!___ Qui, c'est
death. We swear that we shall be friends till death So this
-mis, Oh! oui, ju - rons de rester a - mis!___ Oui, c'est
death. We swear that we shall be friends till death this
suivez.
dim.
Ped.
el - le, C'est la dé - es - se En ce
prom - ise made to each oth - er shall our
el - le, C'est la dé - es - se qui
prom - ise made to each oth - er shall
jour qui vient nous u - nir___ Et fi -
faith - ful hearts u - nite ev - er
vient nous u - nir___ Et fi -
our hearts u - nite Yours to

Na.
dèle à ma pro_mes - se, Comme un
mōre bro - ther to bro - ther Noth - ing
Z.
dèle à ma pro_mes - se, Je
mine bro - ther to bro - ther Now
Ped. ✲Ped. ✲Ped. ✲Ped. ✲
cresc
f
frè_re je veux te ché_rir! C'est
now can break the faith we plight Ah,
cresc
f
veux te ché_rir! C'est
our faith we plight Ah,
8
cresc
f
Ped. ✲Ped. ✲Ped. ✲Ped. ✲
cre
el - le, c'est la dé_es - se Qui vient
tru - ly that was the god - dess came to
el - le, c'est la dé_es - se Qui
tru - ly that was the god - dess on
8
cre
Ped. ✲Ped. ✲ Ped. ✲Ped. ✲

Na.
Z.
scen - - - do - - -
f
mf
en ce jour nous u - nir! Oui, par - ta -
us up - on that mag - ic night So will we
vient nous u - nir! Oui, par - ta -
that mag - ic night So will we
Ped.
cre - - - scen - - - do
mol - -
geons le mê - me sort, Soy - ons u -
share all Fate can send what - e'er may
geons le mê - me sort, Soy - ons u -
share all Fate can send what - e'er may
- to - - - ff
nis jus - qu'à la mort!
be till life shall end.
nis jus - qu'à la mort!
be till life shall end.

RÉCIT, CHOEUR ET SCÈNE.

Nº 3.

(A) RÉCIT.

Z.
Je l'attendais ô dieu Brah-ma! mer-
I've watched for this Brah-ma be praised she's
cresc.
-ci!
here
sf
cresc.
cresc.
NADIR. Récit.
Qui donc attendais-tu?
For whom were you waiting?
ff
suivez.
Andante.(♩= 58)
mf
ZURGA.
p Andantino.(♩= 100)
Une femme in-con-nu-e et belle autant que
For a fair un-known maiden as wise as she is
And^tino
pp
sa-ge Que les plus vieux de nous selon le vieil u-
love-ly We have an ancient law that ev'ry year our
p

(♩= 80)
Andante.
pp
sage Loin d'ici chaque an_née ont soin d'aller cher_cher! Un long
elders go to find her a-mong the islands far a- way She is
pp
Andante
voile à nos yeux dé_ro - be son vi
wrapped in a veil that hides her beauty
ppp
from us for none must see her face, and no
_sa - - ge Et nul ne doit la voir, nul ne
pp
one must come nigh
doit l'approcher.
Mais pendant nos tra_
But when divers are
pp
animez.
_vaux debout sur ce ro_cher
out she stands upon that rock
and she prays and her
Elle pri - e et son
dim
Plus lent.
pp
animez.
cresc.
dim.
dim e rall.

Z.
song that floats
across the waters
will drive away
the evil spirits that would harm
chant qui plane sur nos tê_ tes Écar _ te les esprits méchants et nous proté
pp suivez.
suivez.
Allegro. (𝅗𝅥 = 80)
Z.
_ge
us.
Elle appro _ che
She is landing!
a_mi fête avec
My friends, join with us
pp
cresc.
Z.
nous son ar_ri_vé - - - - - e.
all, wel-come her com - - - - ing!
cresc.
f
cresc.
Andante. (♩ = 66)
Leila, her face covered by a veil, appears at the back, followed by Nourabad and four fakirs. Nadir is
Léïla, le front couvert d'un voile, paraît suivie de Nourabad._Nadir seul, plongé dans une rêverie profonde, n'aperçoit pas Léïla.
ff
pp

sitting at the side of the stage, plunged in thought, and does
not look at Leila.
Andante.
ppp
Ténors.
C'est el_le
The maiden
Basses.
C'est el_le
The maiden
elle vient!
It is she!
On l'amène i_
Now they lead her
La voi_ci!
There she is!
_ci
here
La voi_ci!
There she is!
cresc.
cresc.

(B) CHŒUR.
Andantino. (♩. = 48)
SOPRANI.
TENORS.
CHŒUR.
BASSES.
Andantino.
PIANO.
Ped.
They surround Leila and offer her garlands of flowers.
(entourant Léila et lui offrant des fleurs)
Soprani. bien chanté.
Sois la bienvenue Amie inconnue
To greet the fair stranger who guards us from danger
Daigne accepter nos présents
These off'rings of flow'rs we bring
Ped.
Chante et que l'orage Apaise sa rage
The tempest that urges The swelling sea surges

cresc. f
Shall cease
Amie à tes doux accents
when they hear you sing
cresc.
cresc. f Ped.
Basses. f
The powers that
Que la troupe im mon - de
harm us
Sea sprites
Des esprits de l'on - de
that a-larm us
f
Fly, swift,
S'envole à ta voix.
at the sound
ff
Ped.
Ténors. f
In all the earth's
Ah! viens chasser par tes chants
quarters
The winds
wat - ers
Les esprits de l'on - de
and the
f
Des prés et des bois
No evil be found
ff
Ped.

Soprani
So guard us from dan - ger
We bring you these
flow'rs of spring
nos presents
to greet the fair strang - er
Sois la bienve _ nu - e
Ped.
Proté _ ge
Good fortune be
Soprani.
nous
ours
Ah! veil _ le sur nous
The sound of your song
Tenors.
Pro _ té _ ge - nous
Oh guard us well
Veil _ le sur
Our fears dis -
Basses.
Pro _ té _ ge - nous
Oh guard us well
Veil _ le sur
Our fears dis -
Ped.
Ped.
Ped.

cre - - scen - - do.
Qui veil - le sur nous, Pro - té - ge - nous!
shall banish the powers that do us wrong
nous, Veil - le sur nous, Pro - té - ge - nous!
pel, Defeat the powers that do us wrong
nous, Veil - le sur nous, Pro - té - ge - nous!
pel, Defeat the powers that do us wrong
cre - scen - do.
dim.
Ped.
pp rit. cresc a tempo. dim.
Veil - le sur nous
Oh guard us well
Veil - le sur nous
Oh guard us well
Veil - le sur nous
Oh guard us well
a tempo.
dim. pp rit. cresc.
Ped.
dim
p dim. pp

(C) SCÈNE ET CHŒUR.
Large.
LÉILA.
NADIR.
ZURGA.
(Approaching Leila)
Maiden, standing
Seule au milieu de
in our
NOURABAD.
SOPRANI.
TÉNORS.
BASSES.
CHŒUR.
Large. (♩= 44)
PIANO.
p cresc.
cresc.
ff dim.
pp
Ped.
nous vierge pure et sans ta_che Promets-tu de gar_der le
midst, uncor-rup - ted and pure, Will you swear you
will nev - er
LÉILA.
voi_le qui te ca - che Je le ju_re!
lift the veil
that hides you?
I will swear it !
sf dim.

ZURGA.
Promets-tu de rester fi_dèle à ton ser_ment De pri_er nuit et
Will you swear that you will be faithful to your oath That you pray night and
Z.
day beside the somber wat - - ers?
jour au bord du gouffre som - bre!
LEÏLA.
I will swear it!
Je le ju - re!
ZURGA.
Banish- ing by your songs the spirits of the
D'écar_ter par tes chants les noirs es_prits de
Z.
dark-ness? To live your life un-wed, unlov- ing and un-
l'ombre De vi - vre sans a - mi, sans é - poux, sans a_
Z.
loved?
_mant!
LEÏLA.
I will swear it!
Je le ju - re!
mf
pp
sf
f
cresc.
ff
dim.
cresc. rit. molto
Ped.

Moderato. (♩= 84)
ZURGA. cantando.
If you're true to your prom - ise And perform all your vow,
Si tu res - tes fi - dè - le Et soumise à ma loi
Then you shall have a pearl more beautiful than an - y,
Nous garderons pour toi la perle la plus bel - le,
rall.
suivez.
a tempo.
pp
a pearl without a flaw to grace a royal brow.
Et l'humble fille alors sera di - gne d'un roi,
Variante.
fille sera digne sera di - gne d'un
A flawless pearl to grace a roy - al brow.
Oui, l'humble fille sera di - gne d'un roi.
Même mouv!
avec menace.
But if you break your faith
Mais si tu nous tra - his,

Z.
if your heart should surrender to treacherous quicksands of love You are ac-
si, ton â _ me suc _ combe Aux pieges maudits de l'amour Malheur à
cre - - - scen - do.
cursed!
toi! C'est ton dernier jour!
That day is your last
Soprani.
You are accursed! You are ac-
Malheur à toi! malheur à
Ténors.
You are accursed! You are ac-
Malheur à toi! malheur à
NOUR: avec les 1.res Basses.
Basses.
Malheur à toi! malheur à
You are accursed! You are ac-
Ped.
ff sec.
NADIR (rising and coming towards Leila)
Récit.
Ah! funeste
Ah pitiless
The grave opens before you and death is there!
Pour toi s'ouvre la tom _ be La mort t'at _ tend!
toi! malheur à toi! oui
cursed! you are accursed Yes
toi! malheur à toi! oui
cursed! you are accursed Yes
toi! malheur à toi! oui
cursed! you are accursed Yes
cresc
fff dim. suivez
Ped.

(aside, as she recognizes Nadir)
(à part, reconnaissant Nadir)
LEILA.
Andante quasi allegretto. (♩= 88)
sort! Ah! c'est lui!
fate! Ah! 'tis he
(taking Leila's hand)
(saisissant la main de Leila)
ZURGA.
Qu'as-tu donc?
What is this?
dim.
ppp
ta main frissonne et trem_ble
your hand, your hand is shaking
D'un noir pressen_ti
your heart quivers with
_ment
fear
ton coeur est a_gi_té
at some ominous dream.
Eh
You're
cresc.
f
bien fais ce ri_va_ge où le sort nous ras_sem_ble
free to leave this shore where your for-tune has led you
to leave my King - dom
ff

(her eyes fixed upon Nadir
Z.
LEILA.
Récit.
Then choose
Reprends ta liber - té
while you have time
(les yeux tournés vers Nadir)
Je res -
I stay
Soprani.
ff
Parle! réponds!
Answer! Decide!
Ténors.
ff
Answer! Decide!
Parle! réponds!
Basses
ff
Parle! réponds!
Answer! Decide!
cresc
ff
ff
suivez.
ff
L.
(avec force)
a tempo. Andante.
- te
here!
I shall not go tho' I stay here to die
Je reste ici quand j'y devrais mou - rir!
ff
Récit.
6
a tempo.
L.
Que mon sort glorieux ou funeste s'accom - plis - se,
Be my fate sad or glorious let it be ac-comp - lished!
Je
I
f
ad lib
dim.
pp
L.
res - te,
stay here
je res - te mes a - mis ma vie est a
I stay and place my life my life in your
f
suivez
pp

Andante (♩=54)
L.
vous!
hands
ZURGA.
p
C'est bien à tous les yeux tu resteras voi-
'tis well You shall be veiled, ev- er unloved, un-
Andante.
sempre pp
Z.
-lé - e Tu chanteras pour nous sous la nuit é toilé
lov - ing There shall you sing for us ev' - ry night under the
cresc.
dim.
Z.
-e Tu l'as promis
stars. All this you swear
LEÏLA.
Je l'ai ju-
All this I
pp
ten.
cre - scen -
L.
-ré!
swear
f Adagio.
All this you
Je l'ai ju-
ZURGA.
Tu l'as ju - ré!
All this you swear
f
All this you
Tu l'as ju-
NOUR
f
Tu l'as ju-
All this you
do. mol - to
ff Adagio.

Large.
L.
-ré!
swear!
Z.
-ré!
swear!
No.
swear!
-re!
CHŒUR.
ff
Brahma, divin Brahma! que ta main nous proté_ge Des esprits de la nuit
Brahma, our hope & light! Thou our only de-fender, Spirits of darkest night
Brahma, divin Brahma! que ta main nous proté_ge Des esprits de la nuit
Brahma, our hope & light! Thou our only de-fender, spirits of darkest night
Brahma, divin Brahma! que ta main nous proté_ge Des esprits de la nuit
Brahma, our hope & light! Thou our only de-fender, spirits of darkest night
Large. (♩=84)
viens écartez le pié_ge_ Ô Dieu Brahma nous sommes tous à tes ge_
to thy power surrender Brahma our hope and light in the darkness at
viens écartez le pié_ge_ Ô Brahma ô Dieu Brahma
To thy power surrender Brahma our Lord and God and light
viens écartez le pié_ge_ Ô Dieu Brah_ma
To thy power surrender Brah_ma Brah_ma
p
pp

noux Brahma nous sommes tous à tes ge - noux!
might we trust thy mighty hand on sea and land
— nous sommes tous à tes genoux à tes ge - noux!
we trust thy mighty hand on sea on sea and land
oui Brahma nous sommes tous à tes ge - noux!
we trust in thy mighty hand on sea and land
cresc.
Thy might - y hand
Brah - ma di - vin Brah - ma
Brah - ma
ff O Brah - ma, di - vin Brah - ma que
Brah - ma Lord Thy might - y hand is
ff O Brah - ma di - vin Brah - ma que
Brah - ma Lord Thy might - y hand is
Brah - ma Brah - ma
Brah - ma Brah - ma
ff
is our on - ly de - fend - er
que ta main nous proté - ge!
Andante.
ta main nous pro - té - ge!
our on - ly de - fend - er
ta main nous pro - té - ge!
our on - ly de - fend - er
is our on - ly de - fend - er
que ta main nous proté - ge!
Andante. (♩=66)
dim.

At a sign from Zurga, Leila climbs the pathway leading to the temple fellowed by Nourabad and the fakirs; when they reach the rock, they

Sur un ordre de Zurga, Léïla gravit le sentier qui conduit au temple, suivie de Nourabad; ils dispa-

turn and sign to the crowd below to stand. Then they disappear with Leila inte the shadows of the temple. The women and children go off in

raissent bientôt dans les profondeurs du temple; les hommes descendent sur le rivage; Zurga se rap-

different directions, while the men go down to the shore. All this time

proche de Nadir—qui n'a cessé de suivre du regard Léïla qui, une seule fois, s'est retournée vers lui.

Nadir has remained gazing at Leila, who at one point has turned towards him. Now Zurga comes to him, and having bade him farewell, goes off with the last group of fishers.

—lui tend la main et s'éloigne avec un dernier groupe de pêcheurs— Le jour baisse peu à peu.

The sun begins to set.

RÉCIT ET ROMANCE.

No 1.

(A) RÉCIT.

la fiè - vre, le dé - lire
delir - ium, fevered fancy
Zurga doit tout sa-
Zurga shall know the
ff Allegro
Récit
-voir J'aurais du tout lui di - re
truth 'tis my duty to tell him
suivez
ff
Allegro.
Récit
Largo.
Parjure à mon serment j'ai voulu la re-
Unfaithful to my vow, I have seen her a-
ffpp
suivez.
-voir, J'ai découvert sa trace Et j'ai suivi ses pas Et caché dans la
gain; I followed in her footsteps whatever path she trod And I hid in the
dim.
nuit et soupirant tout bas J'écoutais ses doux chants emportés dans l'es-pa-
night and scarcely dared to breathe While I heard her sweet songs borne away by the ech-
dim
pp

(B) ROMANCE.
Andante.
NADIR
_ce.
ces
Andante. (♩=60)
PIANO.
pp
M.D
ten
NADIR
p
Je crois entendre en_co - - - re ca_
The palm trees bowed to hide me, A
Na.
ché sous les palmiers Sa voix tendre et so
root of leaves a-bove I heard her voice be-

Na
no - - - re Comme un chant de ra_miers
side me like the tend - - - er turtle dove
O nuit enchan_te_res - - - se Di_
In heav'n or earth was nev - - - - er en-
vin ra_vis_se_ment O sou_ve_nir
chant - - ment so complete remembered joys
joys for- ev - - er are
char_mant, Folle i_vres_se, doux rê_
are sweet And those joys are for-ev - - -
sweet
ve! Aux clar_
er! In my

-tés des é-toi- - -les Je crois en-
heart I be-hold her. Beneath the
-cor la voir
soft star-light
Entr'ou-vrir ses longs
Veils of Kash- - - - - - - - mir en-
voi - - - -les Aux vents tiè
fold her stirred by breez- - - - - -

Na.
des du soir
es of night
fa
heav'n
nuit
en-chan-te-res
or earth was nev
se Di-vin
er en-chant
ra-vis-se-
ment so com-
ment
plete
O sou-ve-nir
remembered joys
char-
are
pp
cresc.

Na
And those joys are for - ev
- mant Folle i - vres - se, doux rê -
sweet
pp
ve!
er.
pp
Char - mant
My heart
ppp
longs for her
smorzando.
(He lies on a bed of rushes and sleeps)
(il s'étend sur une natte et s'endort)
sou - ve - nir
sees her now

FINAL.

(A) SCÈNE ET CHŒUR.

No 5.

All° vivo. (♩=56)
Le ciel est bleu
Blue is the sky
Le ciel est bleu
Blue is the sky
m. g.
All° vivo.
Ped.
Leila, led by Nourabad and the fakirs, appears on the rock overlooking the sea.
Leila, amenée par Nourabad, paraît sur le rocher qui domine la mer.
NOUR.
Toi res_te là de_bout sur ce roc so_li_
Come you shall stand on this lonely crag above the
The fakirs squat at Leila's feet and light a fire of twigs and dried herbs which Nourabad stirs into flame after he
Des prêtres allument un grand feu; Nourabad attise la flamme.
tai re
sea
cre - - scen - - do.
cresc.
has traced a magic circle in the air with his wand.
cresc.

cre - - - scen - - do
f
cresc.
cresc.
f p
p
f p
f

cre - scen - do - - -
fsp
NOUR.
Aux lu_
By the
fp
No
-eurs du brasier en feu,
glow of the ho-ly fire'
No.
Aux va_peurs de l'en_cens qui
By the smoke of the in - - - cense
f
No.
mon - te jus_qu'à Dieu___ Chan - te,
ris - - ing up to God Sing

chan _ te nous t'é_cou_tons!
Sing! Pray for us all
cre - scen - do - ff
dim.
(half asleep)
(à demi endormi)
NADIR.
p
A - dieu doux rê - ve
Fare-well sweet dream
dim.
pp
a - dieu!
fare-well
pp
dim.
pp
Ped

(B) AIR ET CHŒUR.

L.
Blan_che Si_va Reine à la cheve_lure blon_de
Si - va the fair Golden haired queen of high heaven's daughters,
p
Soprani et Ténors.
Si - va the fair Si-va the fair
Blanche Si_va Blanche Si_va
p Basses.
Si - va the fair Si-va the fair
Blanche Si_va Blanche Si_va
Spirit of air. Soul of the
Esprits de l'air, esprits de
l'on - de, Des rochers des prés et des bois
wat - ers of the fields and mountains bare
NADIR. (se réveillant)
Ciel!
Encor cette voix
That voice again!
cresc.
Écoutez ma voix, é - coutez ma voix
Oh hear my prayer Oh hear my prayer
f

Sopr.
pp
p
Esprits de l'air, esprits de l'onde, Esprits des bois
Spirit of air soul of the waters O hear our prayer
Ten.
pp
p
Esprits de l'air, esprits de l'onde, Esprits des bois
Spirit of air soul of the waters O hear our prayer
Bas.
pp
p
Esprits de l'air, esprits de l'onde, Esprits des bois
Spirit of air, soul of the waters O hear our prayer
dim.
Allegretto. (♩.=66)
LËILA.
pp très léger.
Dans le ciel sans voi - le Parse - mé d'é-
In the skies un-cloud- ed Where bright stars are
Allegretto.
pp
L.
toi - les Au sein de la nuit
crowd - ed On a dome of blue
L.
Transpa - rent et pur comme dans un rê - ve
Crystal with the dew in a maze of dream- ing

(Now I come oh
Over sea- strands gleam - ing, Now I cast en-
Penché sur la grè - ve Mon re-gard, ou
Brahma)
mon re-gard vous suit A travers la nuit
chant-ed eyes to seek you across the skies
dim.
cresc.
mf
p
Ma voix vous im - plo - re
My voice shall im- plore you
pp
Mon cœur vous a - do - re
My heart bows be - fore you
Mon chant lé- ger
My song ri-ses
cresc.
poco.
Comme un oi seau sem - ble vol - ti -
Like the swallow high - er ev-er
pp
dim.

L.
- ger ___
more
Tenors.
off stage)
(dans la coulisse.)
pp
Ah! chan_te, chan_te en_co - - re Oui que ta voix so-
Sing on that song repeat- ing. And let your voice en-
Basses.
pp
Ah! chan_te, chan_te en_co - - re Oui que ta voix so-
Sing on that song re-peat- ing. And let your voice en-
pp
pp
L.
tr
tr
Ah! ___
-no re Ah! que ton chant lé- ger Loin de nous chas- se tout dan-
-treat- ing from earth to heaven soar. And drive all dangers from our
-no re Ah! que ton chant lé- ger Loin de nous chas- se tout dan-
-treat-ing from earth to heaven soar. And drive all dangers from our
L.
Ah! ___ ah! ___ ah! ___ ah! ___
-ger Ah! chan-te, chan-te en - co - re Oui, que ta voix so-
shore. Sing on that song repeat - ing and let your voice en-
-ger Ah! chan-te, chan-te en - co - re Oui, que ta voix so-
shore. Sing on that song repeat- ing and let your voice en-

L.
no - - re Ah! que ton chant lé - ger Loin de nous
treat - ing From earth to heav - en Soar and drive all
no - - re Ah! que ton chant le - ger Loin de nous
treat - ing From earth to heav - en Soar and drive all
tr
L.
chas - se tout dan - ger.
dang - er from our shore
chas - se tout dan - ger.
dan - ger from our shore
cresc.
molto.
(now at the foot of the rock)
(il s'est glissé jusqu'au pied du rocher)
NADIR.
(priestess)
Dieu c'est el - le!
Ah, the god - dess
ff
dim.
pp

(Leila bends towards him and
Leila se penche vers lui et écarte son
Lé-ï - la!
Lé-ï - la!
lifts her veil for a moment)
voile un instant.
Na.
Ne re-dou-te plus rien
Nevermore need you fear
me voici
I am here!
Je suis là!
I am here!
Prêt à don-ner mes
And I will glad-ly
cresc.
jours, mon sang
give my life
pour te dé-fen - dre!
my life to guard you!
Ténors.
Basses.
pp
Ah!
Sing
ff
pp

LEÏLA.
pp
Il est là!
He is there!
Il m'écou - te!
And he hears me!
chan - te chan - te en - co - - re Oui, que ta voix so - no - re Ah!
on, that song re-peat - ing. And let your voice entreating From
chan - te chan - te en - co - - re Oui, que ta voix so - no - re Ah!
on, that song re-peat - ing. And let your voice entreating From
L.
Pour toi, pour toi que j'a - do - re
I sing to greet my be-lov- ed
NADIR.
p
Ah!
Sing
p
que ton chant lé - ger Loin de nous chas - se tout dan - ger Ah!
earth to heav-en soar, and drive all dangers from our shore. Sing
p
que ton chant lé - ger Loin de nous chas - se tout dan - ger Ah!
earth to heav-en soar, and drive all dangers from our shore. Sing
p

L.
Ah! je chan - te en - co - re Je
I sing my greet-ing I
Na.
chan - te, chante en - co - re O toi que j'a - do - re Ne
on that song re-peat - ing my hap - py heart is beat - ing To
chan - te, chante en - co - re Oui que ta voix so - no - re Ah!
on that song re-peat - ing And let your voice entreat-ing From
chan - te, chante en - co - re Oui que ta voix so - no - re Ah!
on that song re-peat-ing And let your voice entreating From
cresc. molto. cresc. dim.
L.
chan - te pour toi que j'a - do - re Il est
shall to heav-en soar for my be-lov - ed ev - er -more He is
Na.
crains nul dan - ger Je viens pour te pro - té - ger
guard ev - er-more the bright god-dess I a-dore
cresc. molto
(à bouche fermée.)
que ton chant ce soir Loin de nous chas - se tout dan - ger Ah! dim.
earth to heav-en soar and drive all dangers from our shore
(à bouche fermée.)
que ton chant ce soir Loin de nous chas - se tout dan - ger Ah! dim.
earth to heav-en soar and drive all dangers from our shore
cresc. molto. cresc.
p

L.
là! il m'é_cou_te!
there; and he hears me!
N.
Ne crains rien, je suis là!
Fear no more Le-i-la!
Ah!
dim. molto.
ah!
dim.
p
smorzando.
Ah! Ah!
Léï_la ne crains rien! Léï_
fear no more
pp
ah!
pp
ah!
smorzando.
pp

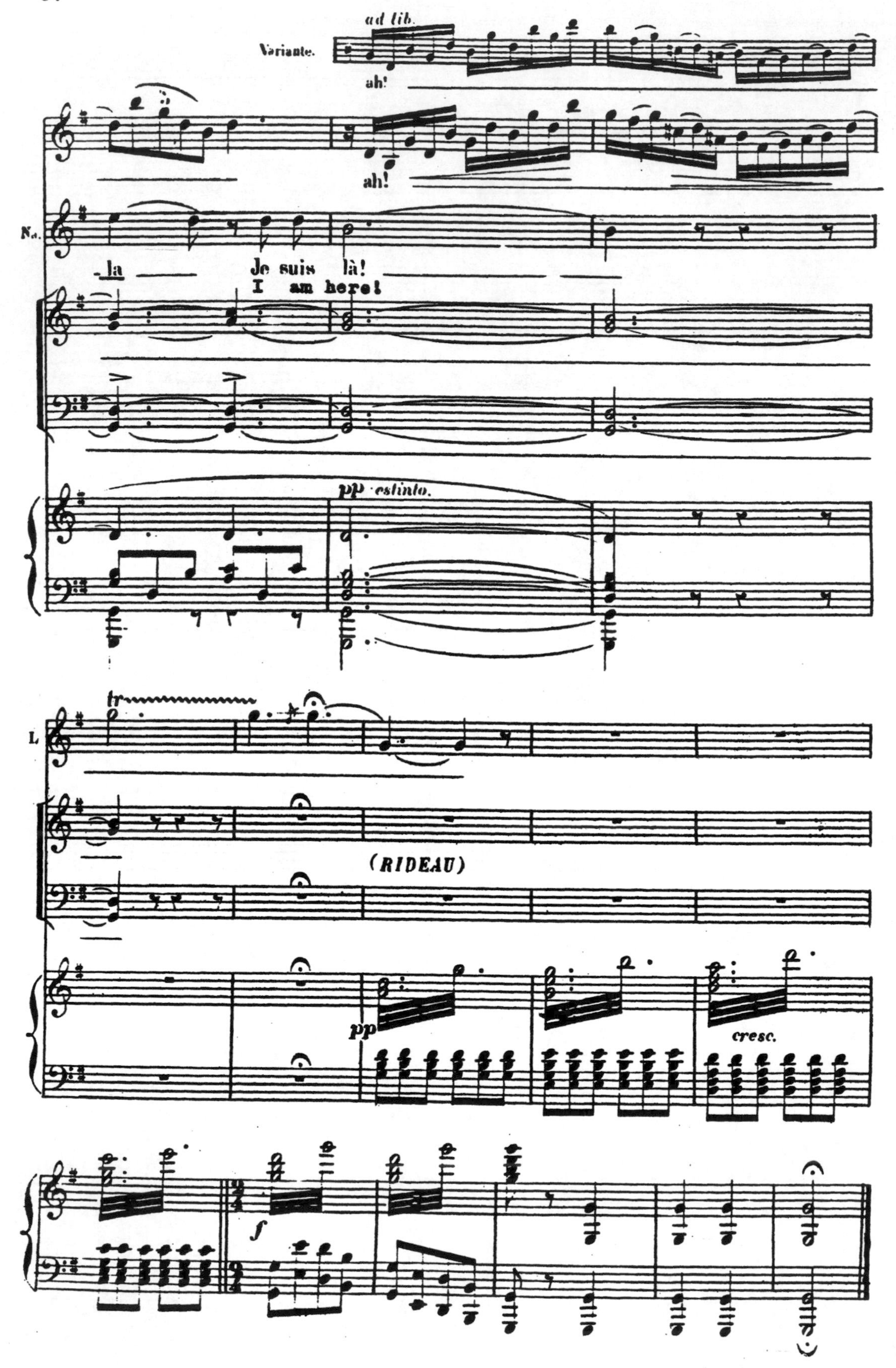
ad lib.
Variante.
ah!
ah!
N.
-la
Je suis là!
I am here!
pp estinto.
L
(RIDEAU)
pp
cresc.
f
Fin du 1er Acte.

ACTE II.

The ruins of a Hindu temple. At the back is a raised terrace approached by steps, which overlooks the sea. Cacti and palm trees grow beside the broken columns; entangled creepers, loaded with flowers, hang from the arches that still remain. The sky is full of stars. One side of the stage is clearly lit by moonbeams.

dominant la mer. Le ciel est étoilé.

No 6. ENTR'ACTE, CHŒUR ET SCÈNE.

Leila and Nourabad are discovered. The fakirs wait in the background.

cend des cieux ah! L'om - bre des - cend des cieux
fill the skies
Deep shadows fill the skies
L'om - bre des - cend des cieux
Deep shadows fill the skies
la la la la la la la la la la la la la la la la la la la la
ah!
Deep'ning shadows in the skies
Oui, l'ombre des - cend des cieux La nuit é - tend ses
night pilgrammage are
L'om - bre des - cend des cieux
Deep'ning shadows in the skies
Oui, l'ombre des - cend des cieux La nuit é - tend ses
Deep shadows fill the skies
night pilgramage are
la la la la la la la la la la la la la la la la la la la la
voi - les
tread-ing
Et les
and stars
voi - les
tread-ing
Et les
and stars
la la la la la la la la la la la la la la la la la la la
croisez les mains.
unnumbered spread - - ing look down
blanches é - toi - - les Se baignent dans l'a - zur des flots si -
from heav'n to where the silent
unnumbered spread - - ing look down
blanches é - toi - - les Se baignent dans l'a - zur des flots si -
from heaven to where the silent
la la la la la la la la la la la la la la la la la la la la

lenci - eux.
ocean lies
Tra la la la
lenci - eux.
ocean lies
La la la la
la la la la la la la la la la la la la la la la La la la la
croisez les mains.
la la la la la la la la la la la la la la la la la la la la la la la
la la la la la la la la la la la la la la la la la la la la la la la la
la la la la la la la la la la la la la la la la la la la la la la la la
la la la la la la la la la la la la la la
la la la la la la la la la la la la la la la la la la la la
la la la la la la la la la la la la la la la la la la la la

dim.
pp
la la la la la la la la la la la la la la a la la
la la la la la la la la la la la la la la la la la la la la la la la la
la la la la la la la la la la la la la la la la la la la la la la la la
tr
pp
smorzando.
la la la la la.
la la la la la la la la la la la la la la la la la.
la la la la la la la la la la la la la la la la la.
Large.
smorzando.
p
pp
(He comes towards Leila)
Il s'avance vers Leila.
Récit.
NOUR.
The boats are lying at anchor
Les barques ont gagné la grève
So for tonight Lei-la
Pour cette nuit Lei - la
All our task is ac-
notre tâche s'a -
suivez.

Andantino.
LEÏLA.
Récit.
No.
And here you now
-chè-ve I-ci tu peux dormir
complished. may sleep
Allez vous donc hé-
Then will you go a-
Andno
suivez.
L.
-las! me laisser seu-le
las! and leave me alone?
NOUR.
Oui, mais ne tremble pas Sois sans crain-
Yes, but have no fear Nought can harm
pp
Tempo.
Récit.
N.
-te Par là des rocs i-nacces-si-bles Dé-fendu par les flots gron-
you Out there, unsurmountable rocks That rise to face the roaring
pp
suivez.
a tempo.
suivez.
No.
-dant De ce cô-té le camp et là gardiens ter-
waves/ Upon this side the camp; and there the tem-ple
cresc.
a tempo.
suivez.
a tempo.
suivez.

a tempo.
No.
with their spears
and their knives
_ri_bles
Le fusil sur l'é_pau_le
et le poignard aux
servants
on their shoulders
in their
f
hands are on guard
dents Nos a_mis veil_le_ront
thru the night
LEÏLA
Que Brah_ma me pro_tè_
Might - y Brahma pro-tect
Plus lent.
p
Moderato.
L.
NOUR.
_ge!
me.
espressivo.
Si ton cœur res_te pur;
If your heart is pure
si tu
if you
pp
stacc.
_tiens ton serment
keep your vow
Dors en paix sous ma gar_de
Sleep in peace while they guard you
et ne
and
crains au_cun piè_ge
fear no betray_al
Allegro.
ff
LEÏLA.
Récit.
En fa_ce de la
Once in the face of
suivez.

L.
mort
death
J'ai su rester fi - dè - le au ser-
I was true to a vow that I
a tempo ff
Récit.
ff a tempo Récit.
NOUR.
Allº vivo.
-ment Qu'u-ne fois j'avais fait toi comment?
made in the days long ago You? What vow
suivez.
ff a tempo.
détaché.
p
LÉÏLA. Récit.
Tempo.
J'é-tais encor en-fant un soir je me rap-pel-le
When I was only a child one night I well remember
f suivez.
p
p a tempo.
Un homme, un fu-gi-tif implorant mon se-cours.
A man, flying from his foes put his life in my hands
f suivez.
p
p a tempo.
cresc.
Récit.
Vint chercher un re-fu-ge en notre humble chau-miè-re Et je pro-
He had come to our cabin and he begged me to hide him; I was a-
f suivez.
fpp

L.
fraid and yet, I freely gave him my promise that none should find him there; and I would save his
-mus le cœur ému par sa pri-è-re De le cacher à tous de protéger ses
ff
Allegro.
jours Bientôt d'une hor-de fa-rou-che Ac-
life Then soon came his savage pursuers With
pp
cresc.
-court la mena-ce à la bou-che On m'entou-re un poi-
shouts and with loud cries of vengeance And they caught me and a
gnard sur mon front est le-vé Je me
knife was held at my throat I was
ff
tais la nuit vient il fuit il est sau-
si-lent so that night he fled his life was
p
trem.

Récit.
saved
-ve.
Mais, avant de ga_
But, as he turned to
ff
suivez.
_guer la sava_ne lointai_ne
go to the far distant forests
A tempo mod.to ♩=66.
pp
ppp
trem.
"Child, that was bravely
O coura_geuse en_
p espressivo.
8a bassa
done" he said. "Here come take this necklace
_fant dit_il va prends cet_te chai_ne
8a bassa
cresc.
Et gar_de_la tou_jours en sou_ve_nir de
Keep it all your life, Some - times to think of
pp
cresc.
moi Moi, moi je me sou_vien_drai.
me And I shall not forget.
cresc. molto.
ff Allegro.

A la représentation on passe du signe ⊕ au signe ⊕ page 97.

(dans la coulisse.)
(off stage)
Deep shadows in the
L'om_bre descend des
L'om_bre descend des
Deep shadows in the
la la la la la la la la la la la la la la la la la la la la la la la la
skies. Night's pilgramage are treading & the stars thickly spreading look down
cieux La nuit ou_vre ses voiles Et les blan_ches é _ toi _ les Se bai _
cieux La nuit ou_vre ses voiles Et les blan_ches é _ toi _ les Se bai _
skies Night's pilgramage are treading & the stars thickly spreading look down
from heav'n to where the silent ocean lies.
_ gnent dans l'a_zur des flots si_lenci _ eux Tra la la la la la la
_ gnent dans l'a_zur des flots si_lenci _ eux La la la la la la la la
from heav'n to where the silent ocean lies.
sempre smorzando.
tra la la la la la la tra la la la la la la la la la la la la
la.

RÉCIT ET CAVATINE.

avec crainte.
Andantino.
L
Je frissonne, j'ai peur, et le sommeil me fuit
And I tremble with fear Sleep will not come to me
(looking towards the terrace)
(regardant du côté de la terrasse)
rall.
But he is there;
Mais il est là mon cœur de_vi_ne sa présen_
my heart cries out that he is near
suivez.
Andante.
_ce
me
legato.
Comme autre_fois dans la nuit som_bre Ca_
As oft before he watches o'er me He

L.
_ché___ sous le feuil_la_ge é_pais___ Il veil _ le près de moi dans
hides in the shadows near-by The night has no ter - rors
l'om - bre Je puis dormir, rê_ver en paix, Je
for me I sleep in peace when he is nigh. I
puis dormir, rê_ver en paix Il veil _ _ le près de
sleep in peace when he is nigh He guards me from
rall.
pp
suivez.
moi___ Comme au_tre_fois___ comme au_tre fois
harm. As oft be-fore As oft be-fore
a tempo.
rall.
Tempo.
suivez.
pp

L.
p
C'est lui mes yeux l'ont re_con_nu! C'est
'Tis he I have seen him once more 'tis
Plus vite.
pp
lui, mon â_me est ras_su_ré_e O bon_
he and my wishes are grant--ed! Hope re-
_neur! joi_e i_nes_pé_ré_e Pour me re_
turns and visions en-chant-ed con-sole my
cresc.
_voir Il est ve_nu O bon_
heart and joy re-store Hope re-
poco cresc.
f p
Ped

L.
heur — Il est ve - nu Il est là —
turns for he is nigh He will watch
Ped
Ped
— près de moi ah! — Comme au - tre
ov - er me As oft be-
p rall.
suivez.
I° tempo.
- fois — dans la nuit som - bre Ca - ché sous le feuil - lage é -
fore he watch-es o'er me He hides in the shadows near-
pp
- pais — Il veil - le près de moi dans l'om - bre Je
by. The night has no ter - rors for me. I

L.
puis dormir, rê_ver en paix,
sleep in peace when he is nigh
Je puis dor_mir rê_ver en
I sleep in peace when he is
rall.
paix Il veil - le près de moi, Comme au_tre
nigh He guards me from harm as oft be-
a tempo.
pp
suivez. pp
rall.
Tempo.
fois. Comme autre fois.
fore As oft be-fore
Je puis dor_mir,
I sleep in peace
suivez.
pp
Je puis rê_ver en paix.
In peace when he is nigh
Il veil_le près de moi.
He watches over me
pp

L.
Oui, comme autre fois, je puis rêver ah!
en
As oft before he guards me from harm, Ah
guards me from
(The sound of a gusli is heard off stage)
Le son d'une guzla se fait entendre.
L.
paix.
harm.
a tempo.
pp
pp
smorzando.
ppp
smorzando.
long.

CHANSON.

Nº 8.
Andante.
LÉÏLA.
NADIR.
(dans la coulisse)
Andante. ♩=52
PIANO.
f
p
f
NADIR.
dim.
pp
pp (Harpe dans la coulisse.)
(in the distance)
(de très loin.)
ppp
De mon a_mi _ e Fleur en dor _
My love is like a lo-tus
flow- - er
Na
_ mi _ e___
blos- - om
Au fond du lac si_len _ ci _ eux___
Upon a lake that silent lies
Her image held me fast in its power
J'ai vu dans l'on_de Claire et pro _ fon _ de
I saw her image deep in its bos - om
Etin_celer le front jo_
Her shining brows, her lovely

Na
(la voix se rapproche.)
Like moonlit like moonlit My love is captive
yeux. Et les doux yeux et les doux yeux Ma bien aimée est enfer -
eyes, skies skies in a
LEÏLA.
Dieu!
la voix se rap -
His voice comes
Na.
- mé - e Dans un palais d'or et d'a - zur
tow - er of sapphire, gold & chry - so prase
L.
- proche
nearer
Un doux charme m'at - tire
How the melody charms me!
Na
I see her lean
Je l'entends rire et je vois lui - re
down from her bow - er
Sur le cristal du gouffre obs -
And on the crystal deeps up-
Ciel!
Heav'n
ah!
c'est lui!
'tis he!
- cur Son regard pur, son re - gard pur.
raise her heav'nly gaze Her heav'nly gaze
animez beaucoup.
cresc.
mf
cresc.

DUO.

Nº 9.

Allegro molto.
LÉÏLA.
Nadir appears on the terrace. He climbs down
Nadir paraît sur la terrasse; il descend parmi les ruines.
NADIR.
Allegro molto. (♩=160)
ff sec.
PIANO.
f
over the ruins.
NADIR.
Léï-
-la! Léï-la!
LÉÏLA.
Dieu puissant le voi-là!
Oh ye Gods! He is there!
pp
NADIR. cresc.
Près d'el-
I've found

He runs down to her.
le me voi_là
LEÏLA
Même mouvt
Par cet é_troit sen
How could you climb the
cliff that hangs above the billows? What led you to my side?
_tier qui borde un sombre a_bime Com_ment es-tu ve_nu
NADIR.
Un
Dieu gui_dait mes pas Un tendre espoir m'a_ni_me Rien
hope that fired my heart, a God to guide my footsteps No
LEÏLA.
non rien ne m'a re_te_nu Que viens-tu fai_re i_ci fuis la mort te me_
dangers could have barred my way
You must not linger here
for 'tis death if they

NADIR.
-na - ce A - pai-se ton ef - froi par - don - - ne.
find you. Ah, do not be a-fraid For-give me
LEÏLA.
poco cresc.
J'ai ju - ré je ne dois pas t'en - ten - dre Hé -
I have sworn I have no right to see you. Ah
poco.
cresc.
dim.
- las! je ne dois pas te voir La
no! I should not hear your voice 'tis
NADIR.
Ah! fais moi grâ - ce!
My love have pi - ty
dim.
mort est sur tes pas Ah! va - t'en!
death awaits you here a-way!
cresc. molto.
dim.
Ne me repousse pas! Ah!
Be-lov-ed let me stay
cresc. molto.
dim.
espress.

Na.
le jour est loin en - co - re Nul
'tis man - y hours till day - break and
pp espress.
Na.
ne peut nous sur - pren - dre
there is none can find - us
Ah! Le-ï -
p mais bien espressif
Na.
cresc.
- la ah! Le-ï - la sou - ris à mon es -
Oh smile up - on my
cresc.
LEÏLA.
Non, sé-parons - nous Il
No you must go now 'tis
Na.
- poir Ah! pour-quoi re-pous - ser
Hope. Do not send me a - way
sfp
cresc.
rf
dim.
p

L.
N.
en est tem- en - co - re
death if you stay here
Ah! va
Ah! go
Un a - mi qui t'im - plo - re
Let me stay I im- plore you
cresc.
sf
dim.
p
cresc.
f
a piacere.
t'en
now
Ah!
Ah
La mort est sur tes
'tis death a - waits you
Lé - ï - la Lé - ï - la!
molto.
ff
suivez.
Tempo.
rall.
pas, ah! par pi - tié é - loi - gne toi.
here. ah leave me now & save your life
Hé - las!
Ah! no!
a tempo.
suivez.
ff
a tempo.
Ped.
Ped
dim.
dim.

NADIR.
molto.
rall.
pp
Andte non troppo.(♪=42)
sempre pp
espress.
p
Ton
Your
Na.
cœur — n'a pas — com_pris — le mien Au sein — de la
heart was not en-slaved like mine that night with its
nuit — parfu_mé - - e Quand j'écou_tais — l'â_
mag - i-cal splend - - our When first I heard your
_me — charmé _ e Les accents de ta voix ai_mé - -
voice so ten-der And the song made my soul surrend-

Tempo.
LÉÏLA.
espress.
Ain_si ___ que toi ___ je
With-in my heart that
rall.
Na.
-e Ton cœur n'a pas com_pris ___ le mien. —
-er Your heart was not en-slaved like mine
L.
me ___ souviens Au sein de la nuit ___ parfumé - - - e Mon
night divine lives on in its magical splend - our My
L.
when your voice
âme ___ a_lors ___ li_bre et ___ charmé_e A l'amour n'était pas fer
soul was filled with a charm so tender bade my heart
sur-
L.
rall.
-mé - - - e Ain_si que toi je me ___ sou_viens ___
rend - - - er. Upon that night of stars di-vine
léger.
Plus vite.
ppp

Plus vite.
NADIR.
J'a_vais pro_mis d'é_vi_ter ta pré_
I made a vow I would nev-er come
cresc.
_sen _ ce Et de me tai _ re
near you and keep my sil _ ence
f
p
cresc.
à tout ja_mais Mais de l'amour hé
for-ev-er -more But, love's too strong Al-
f
p
espress.
m.g.
_las ô fa_ta_le puissan_ce
as! I am lost when I hear you
m.g.

rall.
Pou - vais - je fuir les beaux yeux que j'ai-
How can I fore-sake Those dark eyes I a-
cresc.
sf
suivez.
p
Tempo.
LÊILA
-mais Mal - gré la nuit mal-
dore? In spite of vows that
sempre p
a tempo.
legg.
Plus lent.
L.
-gré ton long si - len - ce Mon cœur char-
I have sworn shall bind me My heart was
Plus lent.
dim.
rall.
L.
-mé a-vait lu dans ton cœur.
yours It was Fate willed it so.
dim.
rall.

p Adagio. (♩.=100)
L
Je t'at - ten - dais j'es - pe - rais ta pré - sen - ce
I longed for you waiting, hoping you'd find me
Adagio.
pp
Ta dou - ce voix m'ap - por - tait le bon - heur, Ta dou - ce
Your love has brought all the joy that I know Your love has
espress.
rall.
voix m'apportait le bon - heur
brought all the joy that I know
suave.
Animez peu à peu.
NADIR.
Est-il vrai? que dis - tu? doux a - veu, o bon - heur!
Is it true? Are you mine? Oh my love it is true!
p animez. cre - scen - do.
animez.
LEÏLA.
Ah! Ain - si que
Piu mosso. (♩.=54)
N.
oui Ton cœur a
Yes Your heart was
Within my
f
f Piu mosso.

L.
toi je me souviens Au
heart that night di - vine lives
N.
- vait com - pris le mien Au
then en-slaved like mine That
L.
sein de la nuit par-fu - mé
on in its mag - i-cal splend
N.
sein de la nuit par-fu - mé
night with its mag - i-cal splend
L.
- e Mon âme a - lors li - bre
our When I was won with a
N.
- e Quand j'é-cou - tais l'à -
our When first I heard your
p
cresc.

L.
et charmé - e A l'a - mour
charm so ten - der And your voice
Na.
- me charmé - e Les ac - cents
voice so ten - der and the song
- scen - do.
pp
L.
n'e - tait pas fer - mé - - - e Ain - si que
bade my heart sur - rend - - er up - on that
Na.
de ta voix ai - mé - - - - e Ah! oui ton
made my soul sur - rend - - - er up - on that
L.
toi je me sou - viens!
night of stars di - vine
Na.
cœur a - vait compris le mien!
night That night of stars di - vine
dim.

L.
N.
Ain - - si que
Your heart was
Your heart was
Ton cœur a - -
pp
espress.
dim.
toi je me
then en - slaved
vait com - pris
then en - slaved
sempre.
dim.
son viens!
like mine
le mien!
like mine
ppp
pp smorzando calando.
O doux mo - ment.
Now you are mine
pp
O doux mo - ment.
très long.

FINAL.

No 10.
(Retreating from his embrace)
Récit.
LÉÏLA.
Ah! reve - nez à la rai_son, partez, partez vi_te, je trem
Ah! you are made to stay so long. Please go do not linger They'll find
NADIR.
ZURGA. NOURABAD.
SOPRANI.
TÉNORS.
BASSES.
CHŒUR.
Récit.
PIANO.
suivez.
Mt de l'Andte du Duo.
NADIR.
- ble! you
Que l'amour chaque soir dans l'om bre nous ras -
Let me meet you each night be - lo - ved in the
pp
LÉÏLA.
- semble Oui oui de_main je t'atten_drai
shadows Yes yes To-morrow I shall be waiting
Ped
Ped

They part
Ils se séparent.
NADIR.
Oui, de_main je te rever_rai.
Yes to-morrow I shall come a-gain
Ped
cresc.
cre - scen - do.
cresc.
A shot is heard off stage. Leila fall to her knees with a cry.
ff (coup de feu.)
NOER.
Mal_heur sur eux! mal_heur sur nous! Accou_rez, ve_nez tous, accou_rez, venez tous!
Ac-cursed are they! Ac-cursed are we! Raise the cry! An a-larm! Call them all!
Bring them here!
All° molto. (♩=66)
ff
Il se met à là poursuite de Nadir.

Soprani.
Quelle voix nous ap_pel_le
Whose voice is it calls us
Basses.
Quel_le voix nous ap_
Tell us why we are
Soprani.
Quelle som_bre nou_vel_le Quel pré_
Is it news of disast_er what fore_
Ténors.
Tell us why we are summoned
Quelle som_bre nou_vel_le
What fore_
Quel pre
Basses.
summoned
_pel_le
of dis_as_ter
Quelle som_bre nou_vel_le
Is it news

p
dim.
-sa - ge de mort nous at-tend en ces lieux Quel pré-sa - ge de
bod - - ing of death lies in wait for us here What forebod - ing of
-sa - ge de mort nous at-tend en ces lieux Quel pré-sa - ge de
bod - ing of death lies in wait for us here? What forebod- ing of
Quel pré-sa - ge de
What forebod - ing of
mort nous at-tend en ces lieux.
death lies in wait for us here?
(A furious storm breaks suddenly)
pp
sf
Moderato. (Une mesure du Mouvt précédent pour un temps.)
p

mf
O nuit d'é - pou - van - te
Oh dark night of ter - ror
La mer é - cu - man - te
Loud, loud roars the o - cean
O nuit d'é - pou - van - te
Oh dark night of ter - ror
La mer é - cu - man - te
Loud loud roars the o - cean
Sou - lè - ve en gron - dant, ses flots ses flots fu - ri - eux;
Raising mountainous waves as though it would give up its dead
cresc.
Sou - lè - ve en gron - dant, ses flots fu - ri - eux;
Rais - ing ang - ry waves to give up its dead
O nuit d'ef - froi
Oh night of dread
dim.
pp
O nuit d'é - pou -
Oh dark night of
O
Oh

-vante
ter - ror!
la mer é - cu - man - te
Loud loud roars the o - cean
O nuit d'é - pou - van - te
O dark night of ter - ror
La mer é - cu
Loud loud roars the
nuit d'ef - froi!
night of dread
cresc.
Sou - lève en gron - dant ses flots, ses flots fu - ri -
waves tower on high as though it would give up its
- man - te
o - cean
Sou - lève en gron - dant, ses flots fu - ri -
Rais - ing ang - ry waves to give up its
Oh night nuit, Ô Oh nuit d'ef - night of
1rs Soprani.
dead
-eux.
p cresc.
Pâle et frémis - sant - te Mu -
Sil - ent with forebod - ing She
2ds Soprani.
pp
O nuit d'horreur
Oh night of dread
f
dead
-eux.
pp
O nuit d'horreur
Oh night of dread
froi!
dread
Nuit d'horreur mon
Night of dread My
dim.
p
dim.

1rs Soprani.
-et - te et trem - blan - te Pâ - le et frémis -
stands pale and tremb - ling Sil - ent with fore-
2ds Soprani.
mon cœur d'effroi palpite
My heart is full of terror
1rs Ténors.
mon cœur d'effroi Pâ - le et frémis -
My heart is full Sil - ent with fore-
2ds Ténors.
mon cœur d'effroi palpite
Basses. My heart is full of terror
heart is full of terror Oh
cœur d'ef - froi pal - pi - te O
pp
cresc.
- san - te Mu - et - te et trem - blan - te D'où
bod - ing. She stands pale and tremb - ling. What
O nuit d'horreur Brahma
O Lord look down on us
cresc.
- san - te Mu - et - te et trem - blan - te D'où
bod - ing. She stands pale and tremb - ling. What
O nuit d'horreur Brahma
O Lord Look down on us
cresc.
nuit d'horreur Brah - ma Brah-
night of dread Oh Lord Look
cresc.
ff

vient — sa ter - reur? D'où vient — son ef -
fate dim. does she dread? What fate does she
Brahma pitié pitié
Oh Lord Look down on us
vient — sa ter - reur D'où vient — son ef
fate does she dread? What fate does she
Brahma, pitié, pitié!
Oh Lord look down on us
- ma pi - tié! O nuit d'hor -
down on us O night of
dim.
dim.
cre - - - scen - - - -
- froi Nuit d'é - pou - van - te La mer é - cu
dread? Dark night of ter - ror Loud, loud roars the
O nuit d'é - pou - van - te La mer é - cu -
Oh dark night of ter - ror Loud, loud roars the
pp
- froi? O nuit d'é - pou - van - te
dread? Oh dark night of ter - ror
oui! O nuit d'é - pou - van - te
dread Oh dark night of ter-ror
- reur, Nuit d'épouvan - te! La
dread Night of disaster! The
cre - - - scen - - -
pp

Soprani.
cresc
molto.
man te O nuit d'ef froi
Ténors. oc ean Wild is the sky
La mer é cu man te Sou lè
Basses. Loud, loud, roars the oc ean. The sky
mer é cu man te Sou
roar of the ocean Skies
dark night of ter
nuit de pou van
ve en gron dant ses flots fu ri eux,
of ter
is wild up on this dark night
are wild up on this dark night
lè ve en gron dant ses flots fu ri eux,
of ter
dim.
te Nuit d'hor
Night of
ror
oui, Nuit d'hor
Night of
oui Nuit d'hor
ror Night of

reur, nuit d'hor- reur, nuit d'ef-
dread night of dread night of
reur, nuit d'hor- reur, nuit d'ef-
dread night of dread cresc. night of
reur, La mer en courreux Soulè-ve ses flots fu-ri-
dread, When oc-eans in bit-ter rage have given up their
cresc.
cresc.
frui, nuit d'hor- reur, nuit d'ef-
dread night of dread night of
frui, nuit d'hor- reur, nuit d'ef-
dread night of dread night of
eux, nuit d'hor- reur, nuit d'ef-
dead night of dread Night of
cresc.
dim.
dim.
froi
dread
froi
dread
froi.
dread
cresc.

Re-enter Nourabad followed
On amène Nadir.
All.o moderato. (♩=1_6)
ff Ped
ff
by the fakirs with torches.
Allegro. (♩=176)
p
NOUR.
This place is sa - cred to God, but a
Dans cet a - si - le sa - cré; Dans ces
man has profaned it.
lieux re-dou-ta - bles
Un
strang - er ven-tured his life at the
hom - me un é - tran-ger profi -

N.
dard of the moon
tant de la nuit
Ped
N
Climbing by stealth
A pas fur - tifs
Soprani.
Que dit - il?
What is this?
CHŒUR.
Ténors.
Que dit - il?
What is this?
Basses
Que dit - il?
What is this?
Ped
N.
S'est in tro - duit
he reached the rock
Le voi - ci voi -
There they stand and
Est-il vrai?
Is it true?
Est-il vrai?
Is it true?
Est-il vrai?
Is it true?

N.
- ci les deux coupables!
both of them are guilty!
Voi - ci les deux cou - pa - bles!
Yes, both of them are guil - ty
Voi - ci les deux cou - pa - bles!
Yes, both of them are guil - ty
Voi - ci les deux cou - pa - bles!
Yes, both of them are guil - ty
cre - scen - do.
Nourabad points to Nadir who is brought forward from the back.
cre - scen - do.
Large. (♩=69)
Allº vivace.
Ah! Na - dir! ô trahi - son! Na - dir! ô trahi - son!
false to his word false to his word
Large.
Allº vivace

Theythreaten Nadir and Leila with their daggers
Ils, menaçent Nadir de leurs poignards.
Non!
No!
Non!
No!
(à voix étouffée.)
Pour eux point de grâ - ce!
For them no com-pas - sion
Non!
No!
Non!
No!
Pour eux point de grâ - ce!.
For them no for-give - ness
Ni pi_tié,
Not a tear
Non!
No!
Non!
No!
Non!
No!
cresc poco.
Ni pi_tié,
Not a sigh
ni mer_ci,
Not a sigh
ni_pi_tié,
No reprieve
ni merci,
Not a tear
ni pi_tié
No escape

cresc.
Non! non! non! non!
No No No No
ni merci, ni pi_tié, ni merci, ni pi_tié
No reprieve not a tear not a sigh not a tear
ni merci, ni pi_tié, ni merci, ni pi_tié
no escape not a tear not a sigh not a tear
ff p
non! Non! la mort, la mort, la
no no They die they die they
ni merci! Non! la mort, la mort, la
not a sigh no they die they die they
ni merci! Non! la mort, la mort, la
not a sigh No they die they die they
mort, la mort!
die they die
Pour eux
For them
mort, la mort!
die they die
Pour eux
For them
mort, la mort!
die they die

LEILA.
O som_bre me_na_ce
Has Brahma no mercy?
NADIR.
Leur de_man_der grâce
Shall I ask for mercy?
point de grâ - ce!
no com- pas - sion
Pour eux point de
For them no for -
point de grâ - ce!
no com- pas - sion
Pour eux point de
For them no for -
NOUR. avec les Basses.
Ni pi_tié ni grâce
No pi- ty no mercy
cresc.
ff
O fu_nes_te sort,
And are we to die?
O som - - bre
Has Brah - ma
Non, plu_tôt la mort!
No, first let me die!
Leur de - - man - -
Shall I ask
grâ_ce!
give -ness
cresc.
Oui, pour tous deux
Yes yes they both
grâ_ce!
give -ness
Oui, pour tous deux
Yes yes they both
Pour tous deux la mort pour tous deux
The guilty shall die! Yes they both

L
_me - - na_ce Hé_las fu_nes_te sort!
no mer-cy? And are we to die?
Na
_der grà_ce non plu_tôt la mort!
for mer-cy? No, first let me die!
la mort, oui, pour tous deux la mort!
shall die! Yes, the guil-ty shall die!.
la mort, oui, pour tous deux la mort!
shall die! Yes, the guil-ty shall die!
la mort, oui, pour tous deux la mort!
shall die! Yes, the guil-ty shall die!
cresc.
L
Tout mon sang se gla_ce
If Brahma de- nies us
Na
Leur fol_le me_na_ce
In vain they chastise us
Mal_gré sa me_na_ce
Al- tho' he de- fies us
Mal_gré sa me_na_ce
Al- tho' he de- fies us
Mal_gré sa me_na_ce Qu'ils aient_
Al - though he de - fies us Their fate
ff

cresc.
L.
Pour nous c'est la mort
To whom shall I cry?
Hé_las!
A-las!
N.
Fait mon bras plus fort
My courage runs high
Qu'ils aient mê_me sort
Their fate is to die
Es - prits
Oh spi -
Qu'ils aient mê_me sort
Their fate is to die
Es - prits
Oh spi -
_Qu'ils aient mê_me sort
is that both shall die!
Es - prits des
Oh spi - rits
Je tremble!
They'll kill us!
ô ciel!
Oh heav'n!
Ne crains rien
Do not fear
Mon bras te pro_
My love I de-
des té_nè - bres Prêts à nous pu_nir Vos
rits of dark - ness. You who pun-ish sin, Un -
des té_nè - bres Prêts à nous pu_nir Vos
rits of dark - ness You who pun-ish sin, Un -
té - nè - bres Prêts à nous pu_nir Vos
of dark - ness You who pun-ish sin, un -

scen - do.
cresc. - - - - f
L.
La mort nous me_na_ce Fu_nes_te sort!
Grim death is upon us Oh! wretched fate!
Na.
_tè_ge Je sau_rai bra_ver leurs coups.
fy them and my arm shall guard you well
gouf - fres fu_nè - - bres Pour eux vont s'ou_vrir.
close your ab-yss es That both en-ter in
gouf - fres fu_nè - - bres Pour eux vont s'ou_vrir.
close your ab-yss - es That both en - ter in
gouf_fres vos gouf_fres fu nè_bres Pour eux vont s'ou_vrir.
Close your fathom- less ab - yss -es. Both shall enter in.
fp
cre - - - scen - - do.
ff
Fu_neste
Are we to
ff
Plutôt la
First let me
ff
Ni pi_tié, ni merci Pour eux la
Justice is merciless They both shall
cresc.
ff
Ni pi_tié, ni merci ni pi_tié, ni merci Pour eux la
Justice is merciless Justice is Merciless They both shall
pp cresc.
ff
Ni pi_tié, ni merci ni pi_tié, ni merci ni pi_tié, ni merci Pour eux la
Justice is merciless Justice is merciless Justice is merciless They both shall
cre - scen - do.
ff

L.
sort!
die?
N.
mort!
die?
cresc.
mort!
die?
Ni pi_tié, ni merci
Justice is merciless
mort!
Ni pi_tié, ni merci, ni pi_tié, ni merci
die!
pp
cresc.
Justice is merciless Justice is merciless
die! Justice is merciless Justice is merciless Justice is pitiless
mort! Ni pi_tié, ni merci, Ni pi_tié, ni merci, ni pi_tié, ni merci
p
cre - scen - do.
L.
ff
Fu_nes_te sort!
Are we to die?
N.
ff
f
Plu_tôt la mort! Ve_nez je vous bra_ve,
First let me die! Come on! I de- fy you!
ff
ff
Pour eux la mort! la mort! la
They both shall die Shall die! shall
ff
ff
Pour eux la mort! la mort! la
They both shall die shall die! shall
ff
ff
cre - scen -
Pour eux la mort! la mort! la
They both shall die! shall die! shall
ff
p
cresc.
cre - scen -

L.
Na.
ve_ nez
Come on!
oui, je bra_ ve les cieux.
Yes, I challenge you all
mort!
die!
la mort!
shall die!
la mort!
shall die!
Non pour eux
No, for them
mort!
die!
la mort!
shall die!
la mort!
shall die!
Non pour eux
No, for them
do.
cresc.
molto.
sec.
mort!
die!
la mort!
shall die!
la mort!
shall die!
Non
No
ff
do mol to.
L.
O sombre me - na_ce
Has Brahma no mercy
Na.
Leur de_ man_ der grâce
Shall I ask for mercy
point de grà - ce!
no com - pas - sion
Pour eux point de
For them no for-
point de grà - ce!
no com - pas - sion
Pour eux point de
For them no for-
Ni pi_ tié, ni grâce!
For them no com - passion
cresc.
ff

L.
N.
O fu_nes_te sort! Oui, tout
And are we to die? Must we
Non plu_tôt la mort! Oui, je
No, first let me die Yes, and
grâ_ce Point de pi-
give-ness They both shall
grâ_ce Point de pi-
give-ness They both shall
Pour tous deux la mort! Point de
The guilty shall die! Both shall
L.
N.
mon sang se gla-ce!
die! Oh must we die?
bra-ve-rai les cieux.
'tis for her I die.
-tié pour eux la mort!
die! They both shall die!
-tié pour eux la mort!
die! They both shall die!
pi-tié qu'ils meu-rent
die! They both shall die!

L.
Brah - ma pro - tè - ge nous! Brah -
Oh God pro - tect us now! Oh
Na.
Je ris de leur cour - roux, Je
I laugh at all their threats. I
oui, Pu - nis - sons leur for - fait,
Yes for the guil - ty shall die
oui, Pu - nis - sons leur for - fait,
Yes for the guil - ty shall die
oui, Pu - nis - sons leur for - fait,
Yes for the guil - ty shall die
ff
Ped
ff
Ped
Animez.
L.
- ma pro - tè - ge nous Je
God pro - tect us now. I
Na.
ris de leur cour roux, Je
laugh at all their threats. And
Pu - nis - sons leur for - fait, Pour
for the guil - ty shall die They
Pu - nis - sons leur for - fait, Pour
for the guil - ty shall die They
Pu - nis - sons leur for - fait, Pour
for the guil - ty, shall die They
Animez.

L.
meu-re d'ef - - froi, pro - - tè - - ge
faint with - fear pro - tect us
N.
bra - - ve - - rai vo - tre fu - -
I de - fy your wrath and
eux la mort, pour eux la
both shall die, they both shall
both shall die, they both shall
eux la mort, pour eux la
eux la mort, pour eux la
both shall die, they both shall
Nadir flings himself in front of Leila to defend her. Enter Zurga.
On va pour les frapper, Nadir se jette devant Leila pour la protéger.
L.
nous Brah - ma pro - tè - ge nous!
now, Oh God pro - tect us now!
N.
- reur, Ve - nez, je vous at - tends.
rage. Come on I stand pre - pared.
ZURGA.
ff
Stay your, Stay your
- Arrê-tez! arrê-
hands,
sec.
mort, la mort! Oui, pour tous deux la mort!
die, shall die! Yes, the guilty shall die!
die, shall die! Yes, the guilty shall die!
mort, la mort! Oui, pour tous deux la mort!
sec.
mort, la mort! Oui, pour tous deux la mort!
die, shall die! Yes, the guilty shall die!
fff sec.

Modto
rall.
Io tempo.
Z
tez! c'est à moi d'ordonner de leur sort.
Kanda! It is I who shall judge their fate.
Ténors.
La mort, pour eux la mort, la
They both shall die shall die shall
Basses.
La mort, pour eux la mort, la
They both shall die shall die shall
Moderato.
suivez
ff
Io tempo.
s'interposant.
Très large.
You have chosen me for your
Vous m'avez donné la puis-
Soprani.
La mort, pour eux la mort, la mort!
They both shall die, shall die, shall die
Ténors.
mort! la mort, pour eux la mort, la mort!
die They both shall die, shall die, shall die
Basses.
mort! la mort, pour eux la mort, la mort!
die, They both shall die, shall die, shall die
Large. ♩= 69
cresc.
f
san-ce,
lead-er
And you have sworn me al-legiance
Vous me de-vez o-bé-is-san-ce
Com-pa-
Oh, my
ff

Même mouv!
Z.
gnons j'ai votre serment, o-béis-sez, je le veux!
friends you gave me your oath, You must o-bey my com-mands
Même mouv!
The pearl-fishers lower their weapons uncertainly, and confer together under their breath.
Soprani.
Qu'ils partent donc nous faisons grâce au traître Zurga le veut,
Then let them go. Zurg-a pardons the traitor And we o-bey
Ténors.
CHŒUR.
Basses.
Zur-ga comman-de en maî-tre
What Zurga has com-mand-ed
ZURGA.
(Aside to Leila & Nadir)
Récit.
Par-tez, par-
Now go, at
suivez.
Ped

Z.
-tez!
once! a tempo.
(tearing the veil from Leila's face)
(arrachant le voile de Leila)
Allegro. (♩=176)
NOUR.
A-vant de fuir à tous fais toi con-
First you shall lift the veil that all may
pp
po - co.
No.
-naî - - - - tre
know you
cresc.
cre - - scen - do.
(Zurga recognizes Leila)
Zurga reconnait Leila.
Moderato.
ZURGA. (d'une voix étouffée.)
ff Récit
Ah! qu'ai-je vu? c'était el-le! o fu-reur!
it is she! Am I dreaming? It is she!
the same priestess
ffp
suivez.
ff

(éclatant.)
Z
Ven_gez vous
We're betrayed
vengez moi
I'm betrayed
malheur! malheur!
A curse! A curse!
Moderato.
ff
All° vivace.(𝅗𝅥.=76)
LÉÏLA.
O sombre me_
Has Brahma no
NADIR.
Leur de_man_der
Shall I ask for
ZURGA.
A curseupon them both!
malheur sur eux mal _ heur!
Ni pi_tié, ni
No pi-ty, no
Soprani.
ff
Pour eux _ point de grà _ ce!
for them no com-pas-sion!
Ténors.
ff
Pour eux_ point de grà _ ce!
for them no com-pas-sion!
NOUR, avec les Basses.
Ni pi _ tié, ni
No pi -ty, no
All° vivace.
sec.
ff
cresc.

L.
pace
mercy?
O fu-nes-te sort
And are we to die?
Oui,
Must
Na.
grâce
mer-cy?
Non plu tôt la mort
No, first let me die!
Oui,
Yes
Z.
grâce
mercy
Pour tous deux la mort!
The guilty shall die.
Point
Both
Pour eux point de grâ-ce
For them no com-pas-sion
Point
They
de
both
Pour eux point de grâ-ce
For them no for-give-ness
Point
They
de
both
grâce
mercy.
Pour tous deux la mort
The guilty shall die.
Point
Both
ff
L.
tout mon sang se gla-ce
we die? Oh must we die?
Na.
Je bra-ve-rai les cieux
and 'tis for her die
Z.
de pi-tié qu'ils meu-rent!
shall die They both shall die!
pi-tié pour eux la mort!
shall die They both shall die!
pi-tié pour eux la mort!
shall die They both shall die!
de pi-tié qu'ils meu-rent!
shall die They both shall die!

L.
Brah - ma pro - tè - ge nous Brah -
Oh God pro - tect us now, Oh
Na.
Je ris de leur courroux Je
I laugh at all their threats. I
Z.
Qu'ils tom - - bent sous nos coups Qu'ils
curse up - on them both.
Oui, pu - nis - sons leur for fait
Yes for the guil-ty shall die
Oui, pu - nis - sons leur for fait
Yes for the guil-ty shall die
Oui, pu - nis - sons leur for fait
Yes for the guil-ty shall die
ff
Ped
Ped
L.
God pro-tect us now!
- ma pro - tè - ge nous Je meurs
I faint
Na.
laugh at all their threats. And I
ris de leur courroux Je tra -
Z.
curse up - on them both!
tom - - bent sous nos coups Pour eux
They both
Pu - nis - sons leur for fait Pour eux
For the guilty shall die They both
Pu - nis - sons leur for fait Pour eux
For the guilty shall die They both
Pu - nis - sons leur for - fait Pour eux
For the guilty shall die They both

L.
d'ef - froi pro - tè - ge nous!
with - fear, pro - tect us now!
N.
- de - fy your wrath and - rage
ve - rai vo - tre cour - roux.
Z.
la mort pour eux la mort!
shall die they both shall die
la mort pour eux la mort!
shall die they both shall die
la mort pour eux la mort!
shall die they both shall die
la mort pour eux la mort!
shall die they both shall die
fff
8
Ped
(A tremendous peal of thunder)
L'orage eclate avec fracas.
NOUR.
Ah!
la fou - dre en é -
The Lord Brah - ma
N.
- clats va tom - ber sur nos fronts
speaks in the voice of the storm.
Brah To

N.
prayer!
-ma!
Même mouv! (1 temps pour une mesure du mouv! précédent.)
LÉÏLA avec les 1rs Soprani.
Brah - ma di - vin Brah-ma que ta main nous pro -
Brah - ma our hope and light Thou our on-ly de-
NADIR avec les Ténors.
Brah - ma di - vin Brah-ma que ta main nous pro -
our hope and light Thou our on - ly de-
ZURGA et NOUR. avec les Basses.
CHŒUR.
Brah - ma di - vin Brah-ma que ta main nous pro -
our hope and light Thou our on - ly de-
ff
Même mouv!
Spirits of darkest night. To Thy pow-er sur-rend-er
LEÏLA. - té - ge Brah-ma di - vin Brahma que ta main nous pro - té - ge!
fend-er These lovers in the night To Thy power sur-render
- té - ge Nous jurons de punir leur amour sa-cri - lè - ge
NADIR. - té - ge Brah-ma di - vin Brahma que ta main nous pro - té - ge!
- té - ge Nous jurons de punir leur amour sa-cri - lé - ge
fend-er These lovers in the night to their death we surrender
- té - ge Nous jurons de punir leur amour sa-cri - lé - ge
fend-er These lovers in the night to their death we surrender
cresc.

pp
Brah- ma our hope and light in the dark- ness of
O dieu Brah_ma nous som - mes tous à tes ge-
ppp
O Brah_ma ò dieu Brah_ma
Brah - ma Lord and God and light
pp
O Dieu Brah - - ma
Brah - ma
pp
Ped
Ped
Ped
Ped
night. We trust thy mighty hand on
-noux Brahma nous sommes tous à tes ge - noux!
sea and land
nous sommes tous à tes ge_noux à tes ge - noux!
We trust thy mighty hand on sea on sea & land
We trust in thy mighty hand on sea and land
Oui, Brahma nous sommes tous à tes ge - noux!
cresc molto.
Ped
Brah - - ma
Thy mighty hand
di - vin Brah_ma
ff
O Brah - ma di - vin Brah - ma que
Brah- ma Lord thy - might - y hand is
O Brah - ma di - vin Brah - ma que
ff
Brah- ma Lord Thy might - y hand is
Brah - - ma Brah - - ma
ff

is our on-ly de-fend - - er!
que ta main nous pro-té - - - - ge!
ta main nous pro-té - - - - ge!
our on-ly de-fend - - - er!
ta main nous pro-té - - - ge!
our on-ly de-fend - - - er!
que ta main nous pro-té - - - - ge!
Thou our on-ly de-fend - - - er!
Allegro con fuoco.
ff
At a gesture from Zurga, Nadir is taken off by the fishermen, and Leila by the priests.
Sur un geste impérieux de Zurga on entraîne Nadir; Leila est emmenée par les prêtres.
f (Rideau.)
dim.
dim.
pp
f
Fin du 2e Acte.

ACTE III.

1er TABLEAU. And Indian tent with its entrance covered by a curtain; a lamp is burning on a small malacca table.

Une tente indienne fermée par une draperie.

ENTR'ACTE RECIT ET AIR.

pp
cresc.
Zurga sits alone, lost in thought.
f (RIDEAU)
After a moment he rises and goes back to lift the curtain and look outside.
Zurga paraît sur le seuil de la tente.
dim.
p
sempre dim
8a bassa
pp
8a
ZURGA. Récit lent.
Andante mesuré. (♩= 58)
Récit.
a Tempo.
The sea once more is calm
L'ora_ge s'est cal_mé_
The raging winds are silent
Déjà les vents se taisent
Andante.
a Tempo.
suivez.
pp
suivez.

Il laisse tomber la draperie.
Z.
like them human passions are soft - ened but I, I search in
Comme eux les colères s'apai - sent Moi seul j'appelle en
pp
Récit.
animez beaucoup.
vain for rest in soothing sleep
vain le calme et le sommeil.
a tempo animato.
cresc.
f suivez.
pp cresc
Récit.
Tempo più animato.
La fiè - vre me dé - vo - re et mon âme oppres-
My mind is wracked with fever at the thought that con-
f suivez.
pp
cresc
e animato.
sumes sé - ée One thought that will not leave me
N'a plus qu'une pen - sé - e Na -
cresc
e animato.
f
1º Tempo andante.
- dir, Na - dir Ah! Na -
cresc.
fp

Andante.
_dir doit expi_rer au le_ver du so_leil
is doomed to die at the rise of the sun!
Andante.(♩= 40)
pp
pp
In utter dejection he sinks down on a couch.
poco
cresc.
pp espress dim.
pp
ZURGA. p avec expression.
O Na_dir tendre a_mi de mon jeune â_ge
Oh Na-dir whom i held in such de-vo-tion
O Na_dir lorsqu'à la mort je t'ai li_vré
When I condemned my friend to die

poco cresc.
Z.
O Nadir
hé - las par quelle aveu_gle ra_ge Par quelle a_
What blind insane e-motion What jealous
Ah me!
p
poco cresc.
dim.
poco rall
un peu animé
He rises in despair.
rage, what blind
_veugle et fol_le rage Mon cœur était-il dechi_ré
Non,
emotion could my heart's inmost wish deny?
No,
un peu animé
dim.
suivez.
p
'twas a delusion!
cresc.
non c'est impossible
J'ai fait un songe hor_rible
Non,
No, I must have dreamed it For you could
ne'er betray me
No!
a
poco
a
po - co
rall.
You could never act a lie,
And the of- fend- er A-las is
tu n'as pu trahir ta foi
Et le cou_pa_ble he_las c'est
cresc.
sf
suivez.
I!
moi
Vain remorse!
O remords,
Lost re-grets!
o regrets
a tempo.
f
animato.
rall e dim molto.

Z.
p
doomed to die
whom I
Ah! qu'ai-je fait
O Na_dir tendre a_
p 1º Tempo.
beauty
_mi de mon jeune â_ge
O Leï_la radi_
held in such de-votion
bright as a flame
Ah, for-
_eu _ se beau_té
O Nadir
O Leila
pardon_
p
give me that blind emotion, have pit - y & for-give me for the
_nez à l'aveugle ra _ ge De gra _ ce pardon_nez aux trans_
poco cresc.
dim.
poco rall.
_ports d'un cœur ir_ri_té
I am filled with re-
Mal_gré moi le re_
passion that was to blame
mf
suivez.
a tempo animato.

Z.
morse and anguish
_mords___ m'oppres_se Na_dir,___ Leï_la___ hé_
animez.
_las___ J'ai hon_te de ma cruau_té___
las My harshness tor-ments me with shame
dimin.
pp
cresc.
Ah! pardon_nez aux transports d'un cœur ir_ri_té___
Ah, for-give me the pas-sion that was to blame.
f
suivez.
p
He sits again, overwhelmed with grief. Leila appears at the entrance.
Il tombe accablé. Leïla paraît.
ah! pardon_nez!___
Forgive my shame
ppp
pp
1° Tempo.
smorzando.

SCÈNE ET DUO.

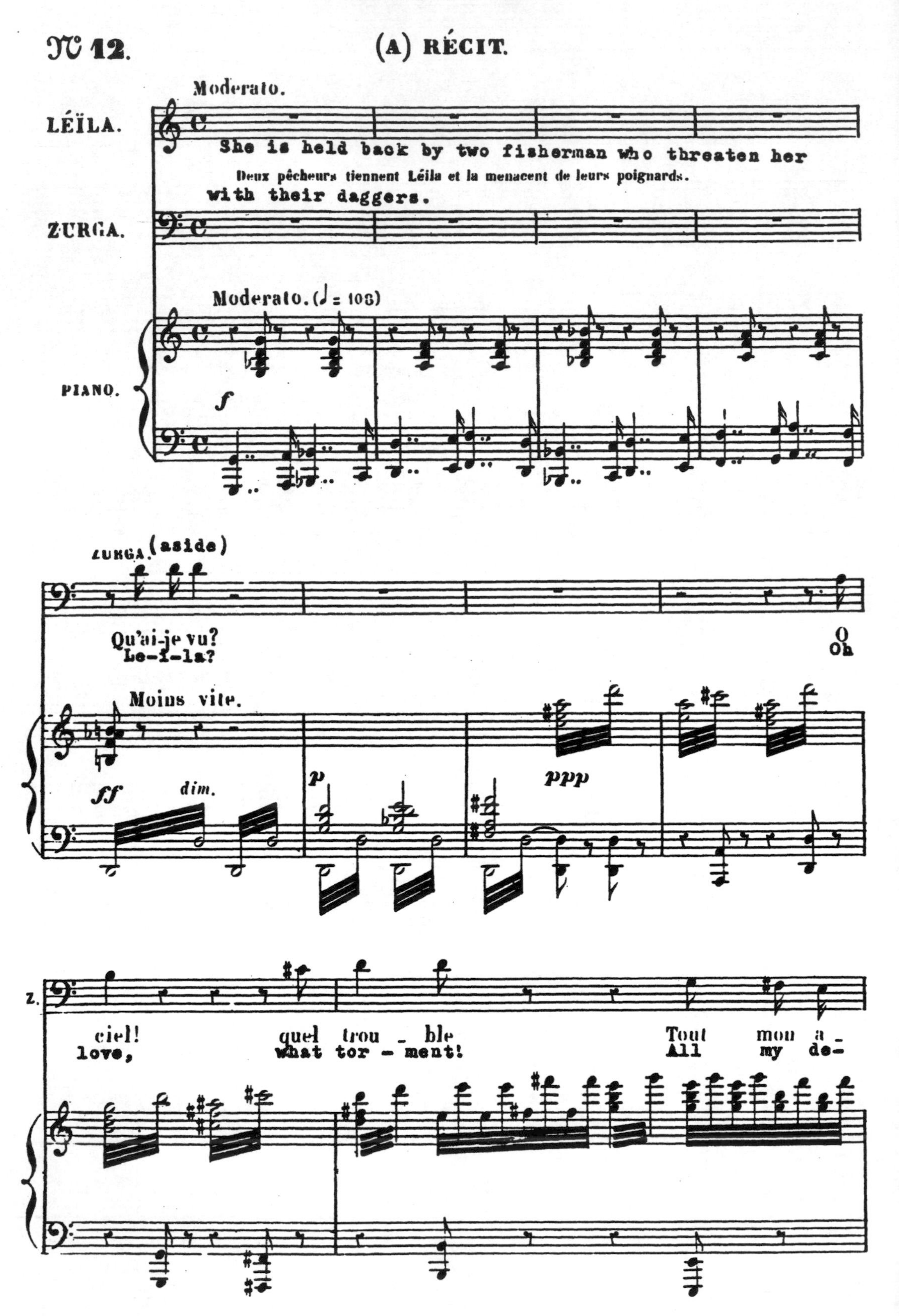
N° 12.
(A) RÉCIT.
Moderato.
LÉÏLA.
She is held back by two fisherman who threaten her with their daggers.
Deux pêcheurs tiennent Léïla et la menacent de leurs poignards.
ZURGA.
Moderato. (♩ = 108)
PIANO.
f
ZURGA. (aside)
Qu'ai-je vu?
Le-i-la?
O
Oh
Moins vite.
ff
dim.
p
ppp
Z.
ciel! quel trou - ble Tout mon a -
love, what tor - ment! All my de-

Z
_mour Se ré_veille à sa vu_e Près de moi
sires wake again when I see her close at hand
(to Leila)
LEÏLA
qui t'a mè ne J'ai vou_
What has brought you? I
8
L
_lu te par_ler à toi
wish to speak with you and a_
ZURGA (aux pêcheurs)
(to the fishermen)
The fishermen withdraw, letting the curtain fall across the opening of the tent.
seul C'est bien! vous sor_tez.
lone. 'Tis well! Go. You may leave us.
ppp

(B) DUO.
Andante non troppo (♩.=76)
LÉÏLA.
ZURGA.
PIANO.
p espress.
Andante non troppo.
LEÏLA. (aside) (à part)
pp
Je frémis je chancel_le De son â_me cru_
How I dread to behold him. For his proud heart is
_el_le Hé_las, hé_las que vais-je obtenir
hardened. He frowns, he sighs. Ah, what hope have I?
Sous son re_gard L'ef_froi vient me sai_sir De son
Beneath his gaze I trem-ble with terror. For his
Je frémis devant el_le Léï_la quelle est bel_le Qui plus
(aside) How I dread to behold her! Leila stands be_fore me, fair and

L.
Z.
poco sf
proud heart is hardened. Ah what hope have I? How I
a - me cru - el - le Que vais-je ob - tenir. Je fré -
lovely, pale as a flower
bel - le Plus belle enco - re, au mo - ment de mou - rir, oui c'est
and at dawn she must die. Yes, 'tis
pp
mis, je frémis je chancel - le Sous son regard l'effroi vient me sai -
dread to be here in his presence; coldly he frowns & I tremble with
God, Brahma has sent her, This is his punishment. This my des-
dieu Qui la condui - te, qui la conduite ici Pour me pu-
poco sf
cresc.
fear. A - las what forlorn hope have I? A - las for his
sir Hé - las que pourrai-je ob - te - nir Hé - las de son
nir Oui je frémis Oui je fré - mis ah! Lé - i -
pair yes my despair, yes, my des - pair Ah! Le - i -
sf
p
dim.
proud poco rall. heart is hard - - - - ened.
me cru - el - le
la She is love - - - ly.
la poco rall. quelle est bel - - le
a tempo
suivez pp
sempre pp

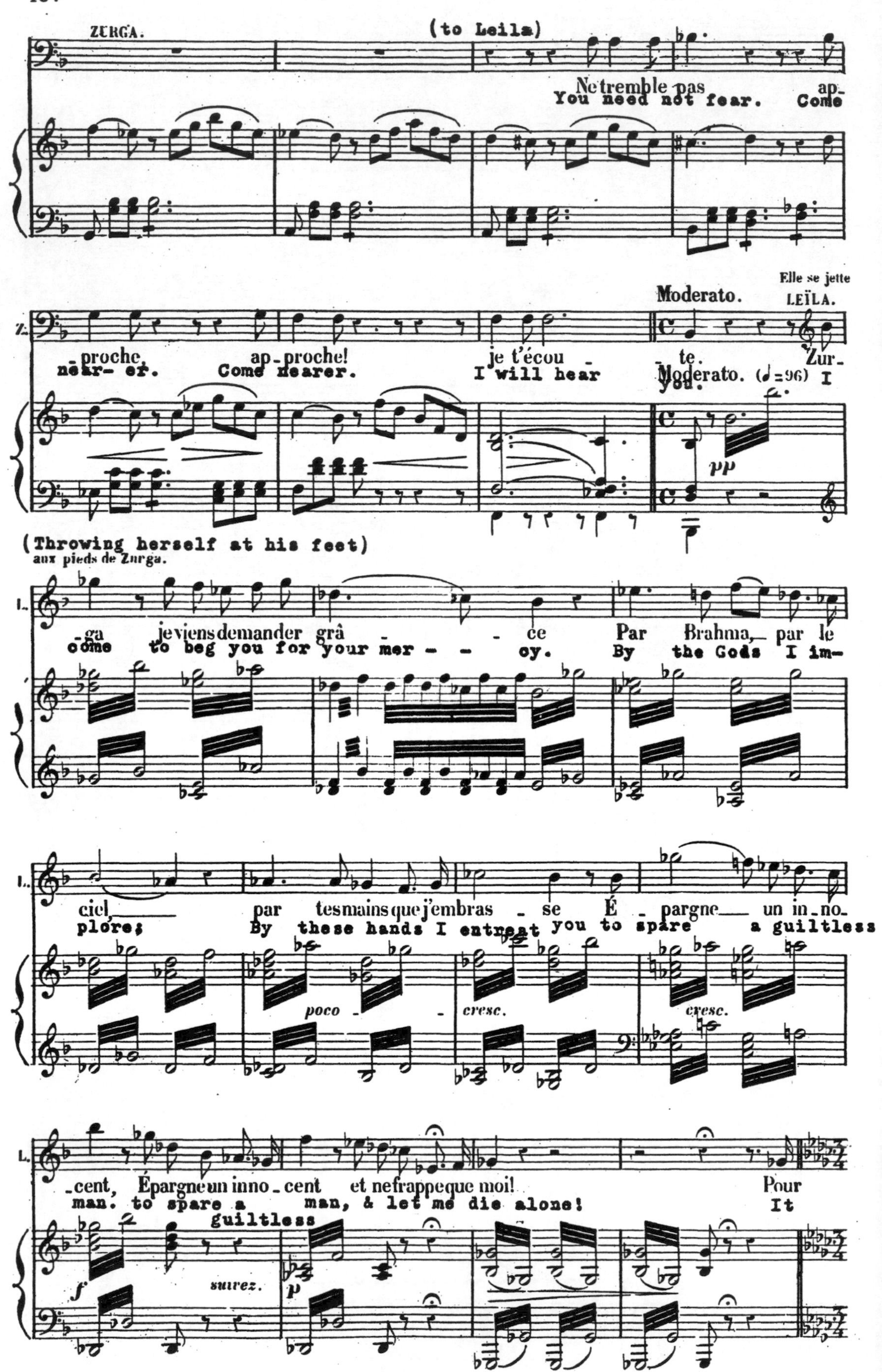
ZURGA.
(to Leila)
Ne tremble pas ap
You need not fear. Come
Elle se jette
Moderato.
LEÏLA.
proche, ap_proche! je t'écou _ te. Zur_
near- er. Come nearer. I will hear you. I
Moderato. (♩=96)
pp
(Throwing herself at his feet)
aux pieds de Zurga.
ga je viens demander grâ _ _ ce Par Brahma, par le
come to beg you for your mer - - cy. By the Gods I im-
ciel, par tes mains que j'embras _ se É _ pargne un in _ no_
plore; By these hands I entreat you to spare a guiltless
poco - - cresc.
cresc.
cent, Épargne un inno _ cent et ne frappe que moi! Pour
man. to spare a guiltless man, & let me die alone! It
f
serrez.
p

Andante. (♩=54)
L.
moi je ne crains rien, Zurga, mais je tremble pour lui
is not for my-self I fear. But only for Na-dir
Andante.
ppp
L.
Ah! sois sensi_ble à ma plainte Et deviens notre ap_pui
Ah hear my pleading and protect him in this his hour of need
L.
Il me donne son â_me, Il est tout mon a_
His heart is mine forever And all my soul is
L.
mour
his.
Ardente flamme, hé_las Voi_ci son dernier
We love each other, Alas tomorrow he must
ZURGA.
(aside) Tout son amour...
She loves Nadir

cresc. e animato.
L.
jour, Ah! pitié Zurga, ah pitié! f ah!
die. Pity him, I beg, pity us! Ah!
Z.
(aside)
Son dernier jour
And he must die
cresc. e animato.
pp
f rall. dim.
animez beaucoup.
Par ma voix qui suppli - e Ah laisse toi fléchir Par ma voix qui sup-
Hear this my last entreaty! Ah, let it melt your heart, Hear this my last en-
1° tempo.
p
cresc.
sf animez beaucoup.
rall.
-pli - e Ah laisse toi fléchir Accorde moi sa vie Zurga je t'en con-
treat - y. And let it melt your heart I ask you for his life Ah, Zurga grant m
p
sf
p
f rall. pp
suivez.
rall.
a tempo.
-jure accorde moi sa vi - e Pour m'aider à mourir
this. Oh, grant that he may live and so help me to die!
ZURGA.
(aside)
Qu'entends-je
She loves him!
pp
suivez.
pp
a tempo.
A la représentation on passe du signe ⊕ au même signe ⊕ page suivante.

animez.
L.
Ah lais_se toi flé_chir
Ah, let me melt your heart
His life is all I ask you
Accorde moi sa vi_e
animez.
cresc.
f
cresc.
ff
pp
ah!
Ah!
Pour m'aider à mou-
That will help me to
Large (♩=46)
ZURGA. Récit très lent. Tempo.
Récit.
-rir
die
Pour t'aider à mourir
That will help you to die
Pour t'aider à mou-
For Nadir you would
Large.
pp
suivez.
Tempo.
suivez.
Récit.
ff
-rir!
die!
Allegro.
Ah!
Nadir!
j'aurais pu lui pardonner peut-
Yes, I might have granted him a
très long.
ff
fff
suivez.
LEÏLA.
Allegro (𝅗𝅥=80)
Grand dieu.
Oh God!
Z.
p
-ê_tre Et le sauver Car nous étions a_mis. Mais tu l'ai_mes, tu
And saved his life, for we were ever friends But you love him. You
pardon.
Allegro.
ffp

L.
Z.
je frémis.
help me now
cresc.
l'ai - mes tu l'ai - mes Ce mot seul a ranimé ma
love him You love him. At those words my hate & anger
cresc.
Dieu
Ah!
haine et ma fu - reur.
rise in flames a-gain
lost, lost to you for-
En croyant le sau-
-ver tu le perds pour ja - mais
e-ver is the man you would save!
Par grâ - ce par pi-
Have mer-cy I im-
-tié
-plore
Par grâce, par pi tié!
Have mercy I im-plore!
Récit.
I will not heed your plead-ing
Plus de priè - re vai - ne
'Tis jealousy
Je suis ja-
cresc.

Jaloux
Jealousy? (with intensity)
ah!
-loux Comme lui Lé-i-la, Comme lui Je t'aimais
my love for you
a Tempo Lei-la More than his is my love
ftf
All° mod.to (♩=152)
LEILA.
De mon amour pour lui tu m'oses faire un cri-me
Then is my love a crime for which Nadir must suffer?
ZURGA.
All° mod.to
Son crime est d'être ai-
His crime is being
ff p espress.
Ah! du moins dans son
he was once your
-mé quand je ne le suis pas.
loved where I can nev-er be
cresc. e molto.
ff p espress.

L.
sang ne plonge pas tes bras
friend, You cannot shed his blood!
Z.
En voulant le sau_ver, tu le perds à ja_
Forever lost to you is the man you would
8
cresc. molto
L.
Ah! que de ta fu_reur Seu_le je sois vic_time!
take my life alone to satisfy your vengeance
Z.
_mais.
save
1º tempo (𝅗𝅥=80)
Par pitié
Pity him
1º tempo.
Tu l'aimes tu
You love him you
ff
mf
L.
Par le ciel
Pity him
Eh bien!
'tis well
ff
Go
va
venge toi
take your re-
Z.
Récit.
l'aimes il doit pé_rir_
love him and hhe shall_ die!
sempre ff
dim. suivez.
a tempo.
L.
donc cruel, va cruel va!
venge on him, Yes, on him. Go
a tempo
ff
cresc.
p
A la représentation on passe du signe au signe page 173.

L.
Va prendsaussi ma vi - e Mais ta rage as - so
go carry out your sen - tence. When your an - ger is
ZURGA.
O râ - ge!
You love him!
ff mf
L.
vi - e Le remords l'in_fa_mi - e Te poursui_
sat - ed Bitterness and re-pent - ance shall haunt your
Z.
He must die!
Ô fureur!
He is loved. Not
Ô tourment af_
cresc.
L.
vront te poursuivront toujours Que l'arrêt s'accom
days, & shall torment your heart. Though you hope you can
Z.
_freux! ô jalou_si - e! Tremble!
I. Jeal -ousy calls me, Vengeance!
f
ff
L.
_plis - se Et qu'un mê - me suppli - ce
sev - er hearts that love conse-crat - ed
Z.
Ah! crains ma fureur
Ah! it is too late!
Yes, I shall have
Oui, crains ma ven_

I.
Z.
Heav'n will
Dans les cieux ré_unis_se A ja_mais nos ten_dres a_
Join us for-ev-er where no man can tear us a-
vengeance Both shall die both have be-
-gean_ce O fu_reur! ô jalou-
_mour. Va prends ma vi_e Je te dé_fie Oui L'in_fâ_
part. Go, 'tis your sentence Let them fulfill it. Yes but re-
Theirs the crime; Mine the sentence. No com-
_si_e Que l'ar_rêt s'ac_com_plis_se Point de
trayed me
fp
cresc.
pentance at last shall break your heart.
_mi_e Te poursuivra toujours. Va bar_bare va cru_
Go! avenger! Go, un-
passion. Justice be done! Death is your fate/ You and
grâ_ce Point de pi_tié Tu vas pé_rir a_vec
p
f
_el Les remords te poursuivront toujours.
Just! But remorse at last shall break your heart.
lui Pour tous deux oui, la mort Point de
he! Both shall die! Yes, at dawn No com-
ff

L.
Ah! Bar_ba _ re! ah! cru_
Ah! in-hu - man! Ah! un-
Z.
grâ - ce point de pi_tié!
pas-sion Justice be done!
Récit.
L.
_el! Zur_ga je te maudis je te hais et je
just! Zurga, you have my curse! And my hate; He has my
ff Ped. suivez.
a tempo.
L.
j'ai - me a ja_mais!
love ever-more
ZURGA.
O fureur ô fu_reur!
Both shall die, die at dawn.
a tempo.
animez.
ff
ff
8
très long.

(C) SCÈNE.
Nourabad enters at the back, followed by several pearl-fishers. Shouts of joy are heard in the distance.
Andante moderato. ♩=72
LÉÏLA.
ZURGA.
NOURABAD.
You hear the shouting in the distance
Entends au loin ce bruit de fê_te
The hour is come
L'heu_re est ve_nu_e
And.te mod.
PIANO
ff
The victim too is ready, For me heaven is nigh.
Et la victime est prête Pour moi s'ouvre le Ciel
ZURGA.
away!
Al_lez!
And.te
Andante.
suivez.
pp
animez.
(to a young fisherman)
A _ mi
My friend
cresc.
fff
ppp

Prendsecol _ lier
Take this necklace
et quand je se_rai
and after I am
dead let my
moth - er
keep it
mor_te Qu'à ma_
me - re on le por - te
rall.
(Leila is dragged away)
Go!
Va
Go! and
va je
prie_rai Dieu pour toi!
I shall pray
for you
(Zurga s'empare du collier
et sort sur les traces de Leïla)
suivez.
a tempo.
Zurga goes to the fisherman and
snatches the necklace from his hands. With a cry
surprise, he immediately goes after Leila.
sf
All.º molto. 𝅗𝅥=88
cresc.
ff
(Rideau)
ZURGA:
The neck-
lace! Lei-
la was the
child who
saved my
life. I
must save
her from
death!
CHANGEMENT A VUE.
Fin du 1.er
Tableau

2e TABLEAU.

CHŒUR DANSÉ.
A wild place on the seashore. In the centre a funeral pyre. Several torches flaming here and there, give a sinister glow to the scene. At the right of the funeral pyre is an incense burner on a tripod. The Indians, drunk and excited, join in a wild dance.
Nº 13
-Un site sauvage.-
Allegro feroce.
NADIR.
Flagons of palm wine pass from hand to hand.
SOPRANI.
CHŒUR.
TÉNORS.
BASSES.
Allegro feroce. ♩.=132
PIANO.
pp
a poco poco cre scen - do. sempre - - - cre - - - scen - - - do - - mol - to.
f

cre- - scen - - do.
sec.
ff
sec.
ff
pp
sec.
ff
pp
(RIDEAU)
ff
cresc.
ff
(Danse)
tutta forza.

Quand
The
& flame in the to praise the
Dès que le so_leil Dans le ciel ver_meil Ver_sera sa flam_ me
The sun shall arise skies crea - tor
The sun shall arise to praise the
Dès que le so_leil Dans le ciel ver_meil Ver_sera sa flam - me
& flame in the crea - ter
skies
le so - leil Ver- se_ra sa flam - me
sun shall flame for the world's creator
For blood will be
Nos bras frap_peront Et se plonge_
A dawn full of dreams
For blood will
Nos bras frap_peront Et se plonge_ be
A dawn full of dreams
Nous ré - pan - drons leur
We shed the blood of an
-ront Dans leur sang in_fâ me
shed, the blood of a trait - or
shed, the blood of a trait - or
-ront Dans leur sang in_fâ - me

sang in_fâ _ me. Ardente liqueur Verse en notre cœur U_ne sainte ex_
impious traitor. Cancelled is their shame. And swift as a flame the moment of
Ar _ den _ te li_queur Verse en notre cœur U_ne sainte ex_
Made clean is their shame and swift as a flame the moment of
Ar _ den _ te li_queur Verse en notre cœur U_ne sainte ex_
Made clean is their shame & swift as a flame the moment of
dying. Red the blood shall flow Our spirits will glow in ecstasy
_ta _ se Qu'un som_bre transport Présa_ge de mort Soudain les em_
dying. Red the blood shall flow Our spirits will glow in ecstasy
_ta _ se Qu'un som _ bre transport Présa_ge de mort Soudain les em_
dy_ing. Red their blood shall flow Our spirits shall glow in ec_sta_sy
_ta _ se Qu'un som _ bre transport Présa_ge de mort Soudain les em_
_brase Brahma! Brah_ma! Brahma! Brahma!
crying The sun! The sun! The sun! The sun!
_brase Brahma! Brah_ma! Brahma! Brahma!
crying The sun! The sun! The sun! The sun!
_brase Brahma! Brah_ma! Brahma! Brahma!
crying The sun! The sun! The sun! The sun!
ff pp cresc.

ff
Brah - ma! Brah - ma! Brah - ma!
f
The sun shall a-rise & flame in the skies to praise the
Dès que le so_leil Dans le ciel vermeil Versera la
f
The sun shall a-rise & flame in the skies to praise the
Dès que le so_leil Dans le ciel vermeil Versera la
Brah - ma! Brah - ma! Brah -
a - tor. A dawn full of dread for blood will be shed the blood of a trait -
flam - me, Dès que le so_leil Dans le ciel ver_meil Ver_se_ra sa flam -
flam - me, Dès que le so_leil Dans le ciel ver_meil Ver_se_ra sa flam -
a - tor. A dawn full of dread for blood will be shed the blood of a trait -
- ma! Brah - ma! Brah - ma! Brah-
The red blood shall flow. Our spirits will glow in ecstasy cry - ing "The
- me, Nos bras frappe_ront Et se plonge_ront Dans leur sang in - fâ - me. Brah-
- or.
The red blood shall flow. Our spirits will glow in ecstasy cry - ing "The
- me, Nos bras frappe_ront Et se plonge_ront Dans leur sang in - fâ - me. Brah-
or.

-ma! Brah-ma! Nos bras frap-pe-ront Et dans leur
sun! the sun! The sun shall a-rise and by our
-ma! Brah-ma! Nos bras frap-pe-ront Et dans leur
sun! the sun! The sun shall a-rise and by our
-ma! Brah-ma! Nos bras frap-pe-ront Et dans leur
sun! the sun! The sun shall a-rise and by our
sang se plon-ge-ront. Ah! Brah-ma!
hand each trait-or dies.
sang se plon-ge-ront. Ah! Brah-ma!
hand each trait-or dies.
sang se plon-ge-ront. Ah! Brah-ma!
hand each trait-or dies.
piu ff
Ped.
Brah-ma! Brah-ma! Brah-ma!
Brah-ma! Brah-ma! Brah-ma! Nos
Oh
Bra-ma! Brah-ma! Brah-ma! Nos
Oh
Ped.

Nos bras frap_pe_ront Nos bras
Yes, the traitors die Yes, the
bras frapperont Oui, oui, nos bras frappe_ront
bras frapperont Oui, oui, nos bras frappe_ront
yes, for
dawn full of dread Yes, blood will be shed
Allegro vivo.
frap_pe_ront Dès que le so_leil Ver_se_ra sa flamme
trait-ors die! The sun di-vine shall give the sigh & then we
oui, Oui, Dès que le so_leil Ver_se_ra sa flamme
Yes Yes, for blood will be shed, blood
oui, Oui, Nos bras frap_pe_ront Oui,
Allegro vivo (♩= 208)
sec.
Large.
Nos bras frap_pe_ront Ah! Brah_ma!
strike the trait-ors down!
sec.
Nos bras frap_pe_ront. Ah! Brah_ma!
sec.
will be shed!
frap_pe_ront. Ah! Brah_ma!
Large.
sec.

SCÈNE ET CHŒUR.

Nº 14 The high-priest enters, followed by Nourabad, who leads on Leila and Nadir in chains. Funeral march.

CHŒUR.
Sombres divinités Zurga les livre à vos bras irrités
Sombres divinités Zurga les livre à vos bras irrités
NOUR, avec les basses.
Sombres divinités Zurga les livre à vos bras irrités
Mighty immortal Gods, Zurga commits them to your ruthless pow'r.
cre - scen - do
Ped. Ped. Ped. Ped. Ped. Ped. Ped.
Zurga les livre à vos bras irrités Zurga les livre à vos
Zurga les livre à vos bras irrités Zurga les livre à vos
Zurga les livre à vos bras irrités Zurga les livre à vos
Zurga surrenders the traitors to you and offers them as a
dim.
dim.
A red glow suddenly appears in the background, which the Indians take to be the dawn.
Une lueur rougeatre éclaire le fond du théâtre et fait croire aux indiens que le jour va paraitre.
bras irrités.
bras irrités.
bras irrités.
just sacrifice.

And.te mod.to (♩ = 72)
NOURABAD.
Le jour en-fin perce la nu-e Le so-leil luit, l'heure est ve-
Behold, the dawn begins to break! The hour is come, the sun is
Oui,
Yes
Oui,
Yes
Le jour en-fin perce la nu-e Le so-leil luit, l'heure est ve-
Behold the dawn begins to break! The hour is come, the sun is
Enter Zurga with an axe in his hand.
ZURGA (entrant effaré et tenant une hache à la main) All.o (♩ = 132)
Récit.
The raise their daggers.
Ils lèvent les poignards sur Nadir; Zurga les arrête.
Non! non! ce n'est pas le
No! No! That is not the
sec.
-nu-e frappons!
rising. They die
Oui!
Yes!
oui, frappons!
Yes They die
Oui!
Yes!
oui, frappons!
Yes They die
Oui!
Yes!
-nu-e frappons!
rising. They die
Oui!
Yes!
All.o
suivez.

a tempo.
Z.
jour
dawn.
Re_gar_dez
Look a-gain.
c'est le feu,
'tis a fire,
le feu du
The fire of
ff a tempo.
(The Indians turn back in dismay. Zurga comes down to them.
Les indiens se retournent terrifiés.
Zurga descend au milieu d'eux.
ciel
Heav'n
Tombé sur nous des mains de Dieu,
that Brahma sends upon our heads!
Ped.
Récit.
a Tempo.
La flamme envahit et dévo_re vo_tre camp
The flames are devouring & ravaging your camp.
Cou_rez
Speed you
pp suivez.
suivez.
ffp
tous
all!
il en est tems en_co_re
There is time if you hurry.
Pour ar_ra_cher vos enfans au tré_
To save your children from death in the

a tempo.
rall.
Z.
pas, Cou_rez, cou_rez que Dieu gui_de vos
flames. A-way! A-way! May Brah - ma be your
a tempo.
ffp
ff
suivez.
The Indians go in disorder. Nourabad stays with Zurga,
Tous les Indiens sortent en désordre, à l'exception de Nourabad, qui,
Z.
pas!
guide!
Nadir, and Leila, for only he is suspicious of the fire.
Allº vivo. (♩=168)
ff
At first he throws incense on to the burner; and then, making as if to follow
seul, a gardé son soupçon. Il feint de s'éloigner et se cache derrière les arbres.
the others, he hides behind the trees.
dim.
dim
(to Leila & Nadir)
ZURGA.
(s'élançant vers Leila)
Récit.
Mes mains ont allu.
'Twas I lighted the
p
pp
p
suivez.
Z.
fire that may
It threatens their
_me le terrible in_cen_di_e Qui mena_ce leurs jours et vous sau_ve la
yet over-whelm them
lives, but has saved you from

He breaks their chains with his axe.
Zurga, de sa hache, brise les fers qui retenaient Nadir.
a tempo allegro. (♩= 132)
NADIR.
Dieu!
You!
(He shows her the necklace she left with the fisherman)
(lui montrant le collier)
Joie de Léila.
Récit.
Z.
vi-e.
death.
Car je bri-se vos fers
I have broken your chains
Léi-la souviens-
you re-
a tempo allegro.
ff
ff
suivez.
fpp
LÉÏLA.
O ciel!
Oh heav'n
Z.
-toi tu m'as sau-vé ja-dis
member how once you saved my life?
Soy-ez sau-vés par
Now are you saved by
cre - scen - do
f
ff
a tempo all°
(Nadir and Leila fall into each others arms)
L.
Dieu!
Ah!
Nadir et Léila tombe dans les bras l'un de l'autres.
NADIR.
Dieu!
Ah!
Nourabad, who has overheard the scene, runs off to warn the Indians.
(Nourabad qui a tout entendu court prévenir les Indiens)
Z.
moi!
moi!
a tempo all°
ff
ff
rall. molto.

TRIO.
No 15.
Moderato. (♩=80) à pleine voix.
LÉÏLA.
O lumiè - re sain - te, O di-vine é-
Light of Heaven's bless-ing Oh divine ca-
NADIR.
O lumiè - re sain - te, O di-vine é-
Light of Heaven's bless-ing Oh divine ca-
ZURGA.
O lumière sain - te, O di-
Light of Heaven's blessing Oh di-
Moderato.
PIANO.
-trein - te! Lumière sain-te, Je suis sans crainte Car il nous arra-che en-
ress-ing My cares are banished My fear has vanished. Zurga saves our lives and
-trein - te! Lumière sain-te, Je suis sans crainte Car il nous arra-che en-
ress-ing My cares are banished My fear has vanished. Zurga saves our lives and
-vine étreinte! Je vais sans plain-te Les sauvant tous deux cou-
vine carressing. My grief has vanished. I have saved their lives and
rall. a tempo.
-fin au trépas! Zurga nous dé-
we were to die! In vile chains he
-fin au trépas! Zurga nous dé-li-vre Et
we were to die! In vile chains he found me Now
-rir au trépas! O Dieux! comme ils s'ai - ment!
glad-ly I die! The Gods love such lov-ers
rall. a tempo.
p
cresc.
A la représentation on passe du signe au signe page 195.

L.
-li vre,
-found me
Je veux te sui - vre,
Your arms around me
N.
nous fait re-vi - vre,
new chains have bound me
Je veux te sui-vre,
Your arms around me
Z.
O Dieux!
The Gods
comme ils s'ai - ment!
love such lov - ers
Je vais sans
My grief has
f
cresc.
ff
rall.
a tempo.
Fettered to your
Rien ne me saurait ra-vir à tes bras!
heart forever am I
Je veux te sui-vre,
Your arms around me
Your arms around me
van - ished and gladly I die!
plain - te cou-rir au trépas!
My heart
Lumière sain-te Divine é-
possessing kind heaven's
a tempo
a tempo.
Rien ne me saurait ra-vir à tes bras!
heart for-ev - er am I!
bless - ing
-trem - te
I go forth to die!
Je vais au tré-pas!

Z.
O Dieux! comme ils s'ai _ ment!
The Gods love such lov-ers
LEÏLA.
O divine é _ trein _ te!
Heav -en smiles upon us
NADIR.
Dans l'es_pace im_men_se Brille un jour plus pur Notre
Clear, our days are dawn - ing in the pathless sky And
N.
â - me s'é - lan - ce Au sein de l'a - zur.
borne on its bos - om soul to soul we fly
LEÏLA.
Un pa_lais splen_di - de S'en_trouvre à nos yeux,
where a shining pal - ace o-pens to our gaze
L.
Notre es_sor ra_pi - de Nous empor_te vers les
while our hearts are soar - ing Through the starry heav'ns high-
cresc.
dim.

L.
NADIR.
ZURGA.
N.
Z.
p
mf
cresc.
cresc. poco a poco
f
rall.
ff
cieux. L'ombre nous couvre en - cor Le jour ne pa - raît
ways. Shades are about us yet. No glimmer of the
L'ombre nous couvre en - cor Le jour ne pa - raît
Shades are about us yet. No glimmer of the
L'ombre les couvre en - cor Mais le jour naît là -
Shades are about them yet. But the day soon will
pas, Le jour ne pa - raît pas. L'om - bre nous couvre en -
dawn no glim - mer of the dawn, Night dreams above us
pas, Le jour ne pa - raît pas. Le jour, le
dawn no glim - mer of the dawn, The sun the
bas. Mais le jour naît là - bas. L'ombre les cou - vre, l'ombre les
dawn. But the day soon will dawn. The shades enfold them
The shades e
- cor Le jour ne pa - raît pas, Le jour ne paraît
yet, the sun waits on the dawn. Not a glimmer of
jour le jour ne pa - raît pas, Le jour ne paraît
sun still waits up - on the dawn. Not a glimmer of
cou - vre Mais le jour, le jour naît là - bas. Oui naît là - bas. Le jour naît là -
fold them. But the day soon will break & the world will be light & the world be

a tempo.
ff
L.
pas. Partons! L'a_mour sou _ tient no _ tre
light A-way! And love shall be our
N.
ff
pas. Partons! L'a_mour sou _ tient no _ tre
light a-way! And love shall be our
Z.
ff
bas. O Dieux! ô Dieux! comme ils sai _ _
light The Gods, The Gods love such lov _ _
a tempo.
ff
rall. molto.
a tempo.
cœur! O lumiè _ re sain _ te, O di_vine_ é
guide! Light of Heav-ens bless _ ing Oh divine ca-
cœur! O lumiè _ re sain _ te, O di_vine_ é
guide Light of Heav-en's bless _ ing Oh divine ca -
_ment! ô Dieux! O lumiere sain _ te, O di-
ers A-way! Light of Heaven's bless-ing! Oh di -
a tempo.
ff rall. molto.
_trein _ te, Lumiere sainte Je suis sans crainte Car il nous arra_che en-
ress-ing My cares are banished My fear has vanished, Zurga saves our lives &
_trein _ te, Lumiere sainte Je suis sans crainte Car il nous arra_che en-
ress- ing My cares are banished My fear has vanished. Zurga saves our lives &
_vi _ ne etreinte, Je vais sans plain _ te Les sauvant tous deux cou-
vine caressing. My grief has van-ished I have saved their lives &

rall.
a tempo.
L.
fin au trépas
we were to die
Zurga nous dé
In vile chains he
N.
fin au trépas
we were to die.
Zurga nous dé li vre,
In vile chains he found me
Et
Now
Z.
rir au trépas.
glad-ly I die
Ô dieux comme ils s'ai _ ment!
The Gods love such lov - ers
rall.
a tempo.
p
rall.
a tempo.
ff
L.
li - vre,
found me
Je veux te suivre,
Your arms around me
Rien ne me saurait ra
Fettered to your
heart for -
ff
N.
new chains
nous fait revi vre,
have bound me.
Je veux te suivre,
Your arms around me
Rien ne me saurait ra
Fettered to your
heart for -
Z.
Ô dieux!
The Gods
comme ils s'aiment!
love such lovers.
My grief has
Je vais sans plain te con
van - ished. And
f
cresc.
ff rall.
a tempo.
L.
vir à tes bras!
ev - er am I!
Je veux te sui - vre,
Your arms around me
N.
vir à tes bras!
ev - er am I!
Je veux te sui - vre,
Your arms around me
Z.
rir au trépas.
glad - ly I die!
Lumière sain - te,
My heart possessing
Di vine é
kind Heaven's

a tempo.
animando
rall.
Fettered heart to
Rien ne peut m'arracher de tes bras. Non rien, non rien, non rien ne
heart we live & die. For none can tear the chains a-
Fettered heart to
Rien ne peut m'arracher de tes bras Non rien, non rien, non rien ne
heart we live & die. For none can tear the chains a-
bless - ing
-trein - - te! Ô dieux, ô dieux, ô dieux, ô dieux,
For them I go to die. The Gods
rall.
a tempo.
animando.
rall.
a Tempo largamente.
peut m'ar-ra - cher de tes bras. Non
part! For ev - er yours am I My
peut m'ar-ra - cher de tes bras. Non
part! For ev - er yours am I My
comme ils s'aiment, comme ils s'ai - - ment! comme ils
love such lovers, love such lov - - ers! love such
a Tempo largamente.
fff
a tempo.
rall.
rien! Je veux rester dans tes bras!
Love! Your love forever am I
rien! Je veux rester dans tes bras!
Love! Your love forever am I
fff
fff
s'ai - ment! ô dieux! ô dieux!
lov - ers For them I die!
fff
rall.
a tempo.

FINAL.

Nº 16.

Allº feroce.
LÊÏLA.
NADIR.
(To Leila and Nadir)
(à Leila et à Nadir)
ZURGA.
Ce sont
They are
NOURABAD.
SOPRANI.
TÉNORS.
BASSES.
Allº feroce.
PIANO.
pp
Go, take the upper path-way
Go
(à Nadir)
Zu
here. You must go. See there a boat is wait-ing
And
eux, Les voi - ci! fuy - ez par ce pas - sa - ge.
Em -
back to your own peo - ple
where none will
Zu
fear from this wild shore
find com- fort
-por - te ton tré - sor
Loin de ce

And you come with us.
dare to fol - low
LEÏLA et NADIR.
Zu
bord sau - va - - gè. Et toi Zur - ga
with your treas - - ure. But what of you?
(Exeunt Leila & Nadir)
(Léïla et Nadir partent)
ZURGA.
'Tis on - ly Brah - ma knows my fate.
Dieu seul sait la - ve - nir!
cresc. poco a poco.
Enter Nourabad with four Indian
Nourabad entre en scène avec
sempre cresc.
chiefs. Zurga will not let them pass.
quatre chefs Indiens pour se saisir de Leila et Nadir; Zurga les empêche de passer.
ff
(pointing to Zurga)
NOURABAD. (montrant Zurga)
Récit.
There stands the traitor who has
C'est lui, le traître il a sau -
Récit.
ff
ff

All? molto
Vo.
_vé leur vi _ e.
dared to save them.
2 Ténors.
A mort! à mort!
He dies! He dies!
LES 4 CHEFS.
2 Basses.
A mort! à mort!
He dies! He dies!
All? molto
Zurga, for his own defense, runs towards the axe which he left on the ground, but an Indian stabs him in the back. He falls.
à mort! à mort!
He dies! He dies!
Zurga s'élance sur sa hache restée à terre prêt à défendre sa vie, mais un indien le poignardé par derrière._Il tombe.
à mort! à mort!
He dies! He dies!

Zurga drags himself towards the path that Leila and Nadir took, as though he would still protect them.
Zurga se traîne du côté où Léïla et Nadir ont fui, comme pour les protéger encore.
Mod^to
pp
pp
Exit Nourabad followed by the four chiefs.
(Nourabad sort suivi des 4 Chefs)
ZURGA.
Ah!
Ah!
Fare-well!
A _ dieu!
Z.
Lé_ï_la,
je t'ai_
whom I
Leila and Nadir appear on the rock at the right.
Léïla et Nadir apparaissent sur le rocher, à droite.
-mais!
loved!
Lé_ï _ la,
Je... t'ai_
whom I

LÉÏLA.
Plus de crain - te, ô douce é -
No des- pair - ing where we are
NADIR.
Plus de crain - te, ô douce é -
No des - pair- ing where we are
Z.
loved
mais.
Ped.
L.
trein - te, Le bon- heur nous at - tend là -
far - ing. Sweet con - tent-ment a - waits us
Na.
trein - te, Le bon- heur nous at - tend là -
far - ing. Sweet con - tent-ment a-waits us
Z.
My task is
Ma tache est a - che -
L.
there No more sad - ness, on - ly our
bas! Sainte i - vres - se, plus de tris-
Na.
there No more sad - ness, on - ly our
bas! Sainte i - vres - se, plus de tris-
Z.
end - ed. I was true to my
vé - e, j'ai te - nu mon ser -

L.
_tes se Oui le
glad - - - ness for the
Na.
_tes - se Oui le
glad - - ness for the
Z.
_ment
vow
He lives
Il vit,
Ped
Ped
ciel gui de ru nos
Gods guide us ev - - 'ry
ciel gui de ra nos
Gods guide us ev - - 'ry
and she is with
elle est sau vé
Ped
Ped
pas. Ah! viens! Ah!
where come
pas. Ah! viens! Ah!
where come
him!
_e!
8
Ped
Ped
Ped
Ped

L.
viens! Le bon - heur nous at - tend là -
come. Sweet con - tent - ment a- waits us
Na.
viens! Le bon - heur nous at - tend. là -
come. Sweet con - tent - ment a -waits us
Z.
Rê_ves d'a _ mour a -
Oh dreams of love. Fare -
Ped.
(Leïla et Nadir disparaissent)
- bas!
there!
Exeunt Leila and Nadir as Zurga falls dead.
- bas!
there!
(Zurga retombe)
- dieu!
well!
All° fuocoso
ff
FIN.